Andrea Meneghetti

I0422380

IL TRAUMA
E LA VIOLENZA SOCIALE
NELLO SVILUPPO
DEI DISTURBI DEL
COMPORTAMENTO ALIMENTARE

ROBERTSON EDIZIONI

Editore: ROBERTSON EDIZIONI

Copyright: © 2019 di Andrea Meneghetti
Tutti i diritti riservati

ISBN: 978-0-244-75303-0

Robertson Edizioni
Via Sottocolleverzan, 44/1
33017 Tarcento (UD) Italy

*To my Wife **Mutsumi**,*

because

She has been the most beautiful part of my life,

She has taught me so many things,

and She put the basis for a feasible future!

*To my Daughter **Haruka**,*

because

she has to know

I made what I could

to have a healthy relationship with her,

and for letting her having a healthy life!

"I genitori devono insegnare ad andare in bicicletta. Troppe volte, chi soffre di DCA, ha avuto paura di salire in bicicletta.

E così, invece, ci sono stati genitori che non guardavano, o che non sapevano dare i giusti consigli, o che sgridavano il fallimento, o che non proteggevano dal bullismo e dall'ansia di cadere.

E così quella bicicletta è rimasta in garage. O comunque chi la usa, lo fa in modalità ridotte o scorrette, impedendogli di andare lontano, con il corpo e con la mente. Anche perché sia la bicicletta che il corpo sono definitivamente danneggiati dalle troppe cadute, non correttamente gestite".

INDICE

1. INTRODUZIONE

Il contesto di cui si vuole trattare riguarda i Disturbi del Comportamento Alimentare (DCA) ma considerando un particolare aspetto, quello dell'ipotesi che i traumi fanno scaturire il disturbo o la malattia. Non ci addentreremo nel descrivere i vari tipi di disturbo e non affronteremo nessun metodo di trattamento e di recupero della malattia. Ci concentreremo invece, su quelle che possono essere considerate le cause scatenanti e i motivi che portano a queste problematiche di tipo psichiatrico.

Un elemento che non si può prescindere, visti anche i più recenti studi, è l'aspetto genetico. Infatti si è rilevato che c'è una famigliarità nei soggetti che sviluppano un DCA. E legato a questo si deve anche considerare l'effetto epigenetico che può presentarsi o meno in base alle influenze dell'ambiente, anche sociale, in cui ognuno di noi è inserito. In altre parole, c'è una parte della quota genetica che si esprime solamente a seguito delle interazioni del soggetto con l'ambiente circostante.

L'idea è che i traumi che si possono subire nelle interazioni sociali, portino ad esprimere determinate

6

caratteristiche genetiche che si manifestano come dei DCA, per i soggetti che hanno questa determinata propensione.

Quindi, si vuole dare una prospettiva epigenetica e funzionale sul ruolo della società nello sviluppo e nel mantenimento dei Disturbi del comportamento alimentare. Nel contempo verranno presi in considerazione i diversi tipi di traumi, in modo generico ma per gruppi, visto che alle volte non si riesce a separarli dal contesto sociale; ma si ha questo approccio anche perché si può vedere che gli effetti possono essere diversi, a seconda del tipo di trauma che viene subito da un soggetto.

2. IL TRAUMA

Per il tipo di approccio di nostro interesse dobbiamo per prima cosa dare una definizione utile di trauma, visto che qui vogliamo approfondire gli effetti della violenza sociale sulla popolazione, prendendo però solo in considerazione le conseguenze riguardo i DCA.

Dall'articolo di Messina e al. (2013) riportiamo il seguente passo: << Il termine trauma deriva da una parola greca che significa "ferita" ed è stato introdotto nel linguaggio medico per indicare l'azione di un evento violento, di origine esterna, sul corpo, ma anche le conseguenze di tale evento sul funzionamento a lungo termine dell'organismo. Questo concetto è stato ripreso ed elaborato successivamente da S. Freud, il quale ha definito il trauma come una esperienza in grado di provocare una sollecitazione, sulla vita psichica dell'individuo, tale da non poter essere elaborata con i normali mezzi a disposizione di quest'ultimo. [...] traumatico (è) l'evento che "causa o può comportare morte o lesioni gravi o altre minacce all'integrità fisica"; secondo tale punto di vista, possono definirsi esperienze traumatiche: la violenza sessuale (non esclusivamente subita, ma anche concretamente minacciata), l'aggressione e i maltrattamenti fisici, il rapimento e la tortura, la guerra e gli attacchi terroristici, le catastrofi naturali, la diagnosi di malattia incurabile e tutti gli avvenimenti in grado di mettere in pericolo la vita di un individuo. La vittima del trauma può essere colui che ha direttamente vissuto tali situazioni, oppure chi è venuto a conoscenza in vario modo, di circostanze di questo tipo occorse a famigliari, purché la sua risposta comprenda paura intensa e sentimenti di impotenza o di orrore.>>

A prescindere dal fatto se questa definizione di trauma sia esaustiva o meno, ci consente comunque di valutare di cosa si tratta e ci indica che riguarda una vasta serie di circostanze a cui una persona può andare incontro. Quindi i traumi sono di vario tipo e si differenziano anche per il metodo classificatorio che si utilizza. Qua ora si richiameranno dei tipi di trauma per una mera esigenza esplicativa. Quindi possiamo avere un trauma di tipo fisico, psicologico, chimico (ad esempio droga, farmaci) se andiamo a valutare, per esempio, qual è il tipo di agente che lo provoca. Potremmo poi fare un elenco di traumi: infantile, lavorativo, da violenza psicologica, da stress, culturale, sociale, psicosociale, intestinale, alimentare eccetera. Questi ultimi elencati, che ricadono in almeno una delle prime tre categorie proposte e che potrebbero anche essere riclassificati per aree, verranno ripresi in varie parti del testo man mano che si procederà nella trattazione.

Ora però, per iniziare, si fa riferimento a una classificazione di trauma che prende in considerazione "quando" avviene il trauma. Infatti possiamo valutare che ci siano degli stress traumatici prenatali, perinatali, postnatali e nell'età adulta. In base a quando questi eventi traumatici avvengono, gli effetti possono essere diversi, soprattutto nella loro magnitudine e gravità. Di nostro interesse, in questa trattazione, sono principalmente i traumi postnatali, che prima insorgono e, solitamente, maggiore danni creano.

Ad ogni modo, per completezza e per dare una prospettiva efficace, iniziamo con il proporre il caso in cui l'evento traumatico avvenga in fase prenatale. E' infatti molto interessante che un evento climatico (come nell'esempio che proponiamo), ma anche uno stress della gestante, possa dare un disturbo del comportamento alimentare sul bambino che nascerà.

Dall'articolo di St-Hilaire e al. (2015) si riporta: << La ricerca associa l'esposizione a stress materno (soprattutto quando accade in tarda gestazione) con un aumentato rischio di problemi emotivi e comportamentali successivi nella prole colpita. Comunque, siccome ancora nessuno studio ha esaminato l'associazione tra stress prenatale materno (PNMS) e i bambini coinvolti nel rischio di anoressia e bulimia nei disturbi alimentari [si svolge questo studio]. Si studiano le influenze del PNMS sull'alimentazione disordinata presente successivamente, nella prole esposta.

[...] Discussione. L'esposizione al terzo trimestre al PNMS, specialmente quando è oggettivamente grave, sembra essere associato con un incremento delle manifestazioni legate al disordine alimentare nella prima adolescenza dei soggetti coinvolti.>>.

Questo articolo presentato riguarda la valutazione di giovani adolescenti rispetto allo sviluppo di DCA, le cui madri nel 1998 subirono in Quebec una fortissima tempesta di ghiaccio che ha gravemente messo sotto stress le madri, visto che c'è stato una vera e propria catastrofe naturale in quella zona in quel periodo.

Quello che va tenuto in considerazione per questo caso, non è tanto che tipo di DCA questi ragazzi abbiano sviluppato, ma piuttosto, interessa che a seguito di un evento "neutro", non dipendente cioè dalla volontà dell'uomo, si possano essere sviluppate queste tipo di problematiche. Quindi non sono solo i fattori psicosociali e la sola violenza sociale che portano ai DCA. Però nel contempo ci conferma in maniera determinante che ci debba essere un trigger perché questi avvengano. O comunque, un trigger aumenta la probabilità di sviluppare questa patologia come di altre patologie, soprattutto di tipo psichiatrico. Il fatto che si parli di DCA è perché c'è una genetica che porta verso quella direzione. Ci deve essere, molto probabilmente, il superamento di una "soglia fenotipica", sopra un certo livello di stress, che cambia da individuo ad individuo perché la malattia si manifesti. Ma questa parte, riguardante la genetica, verrà trattata nel prossimo capito.

3. LA BASE GENETICA

Come si diceva nel precedente capitolo, il tipo di malattia che può derivare da un qualsiasi tipo di trauma, soprattutto per quel che riguarda i fenomeni epigenetici, dipende dalla base genetica che ognuno di noi possiede nel suo DNA.

Dall'articolo di Helder e Collier (2011) dal titolo "The Genetics of Eating Disorders" possiamo ricavare sia qualche primo spunto sulle necessarie caratteristiche genetiche, che gli aspetti che riguardano l'epigenetica che possono spiegare il fatto per il quale è il trauma che implica un'espressione genica, che di norma, se non ci fosse un trauma, potrebbe rimanere latente o "nascosta": << I disturbi alimentari quali l'anoressia nervosa, la bulimia nervosa, il disturbo del mangiare compulsivo e le diagnosi affini come i disturbi alimentari non altrimenti specificati sono comuni, complessi disordini psichiatrici con una significativa componente genetica. L'eziologia è sconosciuta, ma entrambe le caratteristiche fenotipiche e i fattori genetici sembrano essere condivisi tra questi disturbi e infatti i pazienti spesso si scambiano tra le categorie diagnostiche.[...]

L'epigenetica è la reversibile regolazione di varie funzioni genomiche, mediate principalmente attraverso cambiamenti nella metilazione del DNA e della struttura della cromatina (modificazione degli istoni) ma senza il cambiamento della sequenza classica di DNA. [...] Inoltre, ci sono indizi che il profilo epigenetico possa essere passato durante la meiosi e quindi potenzialmente trasmettere i tratti o gli effetti dei fattori di rischio attraverso le generazioni. Modifiche genetiche aberranti sono ipotizzate nell'essere coinvolte in molte patologie umane, inclusi complessi disturbi neuropsichiatrici come psicosi, depressione, tossicodipendenza, ADHD e autismo. >>.

Quindi con questo articolo si conferma, o almeno si può inferire, che varie problematiche psichiatriche sono regolate con fattori epigenetici che in base all'interazione con l'ambiente, esprimono o meno dei fenotipi, cioè l'espressione di un determinato carattere genetico che può essere in qualche modo rilevato.

Per quanto riguarda la base genetica e le influenze dell'ambiente possiamo ora considerare il seguente articolo di Riso Lilenfeld (2011): << Il temperamento si riferisce principalmente alle vie determinate geneticamente di risposta all'ambiente, il quale, in combinazione con l'esperienza forma le basi per il successivo sviluppo di tratti di personalità. La personalità comprende quelle qualità disposizionali che guidano comportamento e adattamento all'ambiente, approssimativamente la metà della varianza totale di ciò che è spiegato dagli fattori genetici additivi. [...] Mentre è utile per un clinico capire quale stile di temperamento e quali tratti di personalità sono presenti nel momento corrente in un dato individuo, da un punto di vista scientifico l'interesse primario è nel capire la natura della relazione tra personalità/temperamento e il DCA in modo da chiarire la nostra comprensione dell'eziologia di queste malattie.>>.

Quindi la personalità si forma sia sulle caratteristiche genetiche dell'individuo, ma anche nel crescere ed nell'evolvere dello stesso che entra in contatto con tutta una serie di eventi e di esperienze. Quindi, solo se la genetica lo può comportare, si sviluppa un DCA che ricordiamo, può avere diverse forme che si esprimono anche in base al tipo e alla gravità del trauma.

Rimane interessante capire perché alcuni clinici si disinteressino completamente dell'origine della malattia psichiatrica che porta a un DCA. Infatti, anche se il danno è oramai stato fatto a livello di espressione genica, il recupero del soggetto, se lo si vuole rendere autonomo, passa anche attraverso l'eventuale rimozione delle motivazioni specifiche e dei fattori che lo rendono malato. Non è interesse di questo trattato, ma sarebbe anche da valutare, se ci sia la possibilità, tramite varie tecniche, di ridurre l'espressione fenotipica di origine epigenetica, durante la vita del soggetto (soprattutto per quelle caratteristiche che comportano la sintesi in continuo di determinate sostanze e componenti molecolari cellulari e somatiche). E' invece di interesse, specificare che se non si individua che un elemento eziologico della malattia è proprio la violenza della società, quel soggetto non potrà mai essere autonomo. Questo punto è proprio la base del ragionamento che si vuole far risaltare e la base dell'idea del libro.

Ma tornando sul discorso della base genetica, ci aiutiamo con il seguente articolo di Bailer e Kaye (2011): <<E' stato sostenuto che AN e BN condividono alcuni rischi e fattori di responsabilità perché questi disordini sono spesso trasmessi per incrocio in famiglie e condividono molti tratti comportamentali.

Similmente alla AN, i soggetti con BN hanno comunemente ansia, ossessività, depressione, un'apparente implacabile tendenza a controllare le quantità di cibo assunto, un'estrema paura di guadagnare peso a una visione distorta della loro forma corporea. AN tende ad essere super controllato, mentre BN tende ad avere scarso controllo degli impulsi, una più grande ricerca delle novità e un alto grado di abuso di sostanze e di droghe. E' importante ricordare che entrambi AN e

16

BN tendono a limitare il loro mangiare e a perdere i normali modelli dei pasti. [...]

Benché i fattori psicosociali siano stati ipotizzati per essere la causa di AN e BN, recentemente degli studi hanno mostrato che l'ereditabilità genetica ammonta approssimativamente al 50-80% del rischio e crea vulnerabilità neurobiologiche. E' importante notare che prove considerevoli suggeriscono che il temperamento infantile e i tratti di personalità possono creare una vulnerabilità per lo sviluppo di AN e BN durante l'adolescenza. Studi recenti descrivono emozionalità negativa, evitamento del danno, perfezionismo, inibizione, tendenza alla magrezza, alterata consapevolezza interocettiva e tratti di personalità ossessivi - compulsivi quali fattori predisponenti infantili che precedono l'inizio di un DCA, persistente dopo il recupero, che sono elevati nei membri della famiglia che non sono non ammalati. >>.

E' interessante vedere come le varie tipologie di DCA hanno caratteristiche comuni ma anche delle caratteristiche differenzianti.

Questo articolo poi ci consente di introdurre l'elemento fondante di questa tesi e cioè l'ipotesi che sono i fattori psicosociali (stress famigliare, stress lavorativo, stress prestazionale, stress sportivo, eccetera) un elemento che può portare al trauma. Sono quindi anche i fattori psicosociali ad avere un ruolo tra le cause dello sviluppo dei DCA. Ed è su questi che ci concentreremo. C'è quindi un'alterazione dei circuiti neuronali a seguito di interazioni coll'esterno (approfondiremo meglio questo nell'apposita sezione). Chiaramente ci deve già essere una predisposizione genetica (ma sarebbe da chiedersi: chi non ce l'ha?). La violenza sociale e gerarchizzante funziona in modo non coerente in alcuni soggetti, creando delle disfunzioni nei processi di sviluppo. La conseguenza di questa espressione genica crea quindi dei pathway neuronali che possono essere attivati o meno; dei pathway neuronali che magari rispondono quando non dovrebbero e viceversa, con la conseguenza di dare dei disturbi che riguardano la percezione. L'aspetto particolare è che queste distorsioni percettive (definita anche in parte come salienza aberrante) si legano al consumo del cibo, anche se il cibo è solo una sorta di tramite, non il problema in sé.

4. DISTURBI COGNITIVI

La conseguenza del fatto di avere queste vie neuronali che non funzionano nel modo giusto, è che ci siano distorsioni percettive che si esplicano in disturbi di tipo cognitivo che l'articolo di Siep e al. (2011) ci illustra: << Il modello cognitivo dei disordini alimentari dice che il processamento degli stimoli esterni ed interni possa essere distorto nei disturbi mentali. Queste distorsioni o errori cognitivi, travisano sistematicamente le esperienze individuali e in quel modo mantengono il disordine alimentare. [...] i dati indicano che i pazienti con DCA dimostrano distorsioni nell'attenzione, nell'interpretazione e nella memoria quando si tratta dell'elaborazione delle informazioni e degli stimoli sul cibo, sul peso e le informazioni relative alla forma del corpo. Alcuni studi recenti mostrano che essi manifestano errori nelle abilità cognitive generali come il cambio di attività, la coerenza centrale e il processo decisionale. Una sfida futura sarà scoprire se i bias cognitivi possono essere manipolati.>> .

Come si diceva prima, sarebbe da capire se è possibile e come si può fare, per riportare a far funzionare, almeno in parte, le vie neuronali che rispondono male e quindi, di conseguenza, ridurre i bias cognitivi.

Un esempio di come un processo cognitivo possa essere alterato lo troviamo in un successivo passaggio dello stesso articolo, che si riporta: << Immagina di stare dormendo nel tuo letto. Nel mezzo della notte improvvisamente ti svegli per un forte rumore al piano inferiore nel salotto. Tu pensi "o, no, c'è un ladro in casa mia". Ti senti estremamente ansioso. Non ti azzardi ad andare di sotto per dare un'occhiata nel salotto; e perciò stai dove ti trovi, tremante e aspettando per ciò che verrà. Ora immagina la seguente situazione. Stai ancora dormendo. Nel mezzo della notte improvvisamente ti svegli per un improvviso rumore al piano inferiore nel salotto. Tu pensi "Quello stupido gatto! Cos'ha rovesciato questa volta?". Ti senti un po' innervosito ma presto riprendi i tuoi dolci sogni. Questi esempi chiariscono che non è quello che sta davvero accadendo che causa a qualcuno il sentirsi ansioso, irritato o felice. E' come uno interpreta quello che sta accadendo che determina i sentimenti di questo soggetto. Nei DCA, non è l'effettivo aspetto o il peso corporeo che causa il problema, ma la valutazione dello stesso da parte del soggetto. Questa è la chiave di lettura assunta del modello cognitivo per i DCA.>>.

Questo esempio è davvero chiaro ed esprime bene cosa accade nella mente di un soggetto che ha una patologia di tipo psichiatrico. Rimanendo sullo stesso modello di esempio, si aggiunge una possibile ulteriore risposta per un'ipotetica presenza di un ladro in casa; si potrebbe ipotizzare che un'altra risposta al rumore percepito al piano inferiore, possa essere anche quella di trattenere il respiro per non farsi sentire e per sentire meglio cosa accade nell'altra stanza. Ma se uno agisse così, alla lunga, questo porterebbe per assurdo ad anossia e morte. Invece di alzarsi dal letto ed affrontare il ladro. Quindi, con questa esempio e con la prospettiva che si è introdotta, si propone che ci potrebbe essere anche un'incapacità di affrontare e gestire le situazioni, che si vedono più grandi di quello che sono e non è quindi solo un fatto di percezione alterata o distorta. Quindi c'è un bias percettivo che assegna a determinati input significati sbagliati e c'è un bias cognitivo che impedisce di vedere delle possibili soluzioni. C'è, in altre parole, l'incapacità di saper gestire gli eventi, forse a seguito del fatto che non si è in grado di modulare la violenza che si subisce dalla società generando delle risposte eccessive e bloccanti, addirittura deleterie, che portano anche all'autodistruzione, preventiva, e a "un'auto-violenza". Ma per alcuni tipi di malattia DCA, si potrebbero avere invece anche delle risposte impulsive, sproposite rispetto alla situazione che si sta vivendo, non solo quindi risposte autolesioniste. L'esempio che viene in mente, è il caso della Bulimia Nervosa che nei soggetti che la esprimono, sappiamo essere presenti comportamenti di impulsività.

Quindi, un soggetto per non essere scoperto di essere debole, controlla il proprio peso così non da "nell'occhio", per quel che riguarda l'Anoressia Nervosa, ad esempio. Ma, per alcuni soggetti il meccanismo che si instaura, potrebbe essere anche e soltanto la paura di essere preso in giro dagli altri a seguito del proprio difetto immaginato. Se la paura è avere un peso eccessivo, mi tengo in una zona di "sicuro" non sovrappeso; se invece ho paura che scoprano che sono debole e troppo mingherlino, divento vigoressico e aumento al massimo le dimensioni del mio corpo. Questo atteggiamento, a tratti, forse deriva anche dal fatto che questi soggetti sono ipercritici, anche verso gli altri, non solo verso se stessi.

E la paura che gli altri siano come loro, li mette in guardia e gli fa fare delle azioni di tipo preventivo, oltre a dare delle risposte esagerate dal punto di vista dell'ansia e delle valutazioni sbagliate sul proprio corpo e sugli input esterni. La loro quota di insicurezza interna, identifica sugli altri magari solo le parti migliori e su loro stessi identificano solo le parti peggiori. Questo è confermato in qualche modo nell'ulteriore passaggio dell'articolo: << Gli studi di tracciamento oculare mostrano che i pazienti DCA tendono a focalizzarsi sulle parti del corpo che non li soddisfano. I pazienti DCA prestavano maggiore attenzione più verso le loro parti del corpo auto-identificate come non attrattive piuttosto che alle loro parti del corpo che hanno definito in modo autonomo, come attrattive. Quando guardavano ai corpi delle altre persone, i pazienti DCA davano maggiore attenzione alle parti del corpo attrattive degli altri piuttosto che alle parti del corpo non attrattive degli altri (confronto verso l'alto). I controlli sani, comunque, facevano esattamente l'opposto; guardavano di più alle loro parti del corpo attrattive comparate alle loro parti del corpo non attrattive e davano attenzione di più alle parti del corpo non attrattive delle altre persone piuttosto che a quelle parti attrattive dell'altro (confronto verso il basso).

In uno studio aggiuntivo, Jansen et al. (2006) dimostrarono che i soggetti di controllo avevano una forte distorsione percettiva positiva della loro attrattività, dove i pazienti DCA mancavano di questo pregiudizio autoreferenziale. Il processo cognitivo nei pazienti con DCA potrebbe aver causato la mancanza di questo pregiudizio autoreferenziale riguardo l'immagine corporea, da cui loro focalizzano la loro attenzione sulle parti del corpo che sono da loro considerate non attrattive, dove i controlli sani fanno l'opposto. Mulkens e Jansen (2009) dimostrarono che l'aumentata attenzione per l'aspetto porta a un incremento della insoddisfazione corporea nei partecipanti vulnerabili (partecipanti fortemente insoddisfatti del corpo) dove i controlli sani mostrano un incremento della soddisfazione corporea dopo l'aumentata attenzione.

Può essere concluso che, in linea con il modello cognitivo dei disturbi alimentari, i DCA sono caratterizzati da una distorta attenzione per i cibi ad alte calorie e per il corpo. [...] fu ulteriormente dimostrato che la "voglia" porta a una distorsione nell'attenzione per gli stimoli di cibi alto calorici, più specificatamente ad un incremento della distrazione.

[...] Il bias interpretativo si riferisce alla tendenza di interpretare stimoli ambigui in un modo di rilevante disordine. [...] Può essere concluso che, in linea con il modello cognitivo i malati di DCA sono caratterizzati da uno stile auto-colpevolizzante, nel quale loro giudicano peso e forma per essere la più probabile spiegazione per gli eventi ambigui negativi relativi a se stessi.

[...] In conclusione, i soggetti DCA mostrano una distorsione della memoria esplicita per il cibo, il peso e la forma dell'informazione e ci sono alcune indicazioni per una distorsione della memoria implicita nei soggetti DCA. >>.

C'è quindi la formazione di un pensiero ossessivo che deriva dall'ansia e da un atteggiamento ansioso, che distoglie dalle altre attività che si devono fare e riduce l'attenzione per le altre cose, magari più importanti, che si devono svolgere; o se non si vuole ricadere per forza nel concetto di salienza aberrante, si potrebbe dire che vengono distratti dalle cose più funzionali alla vita e dal raggiungimento di un sano benessere personale.

I malati di DCA hanno un focus maggiore sul cibo e sul proprio corpo, rispetto agli altri fenomeni che gli accadono intorno e credono, forse, di controllarli con la restrizione alimentare (di qualsiasi tipo vista l'ampia varietà dei casi di malattia DCA).

Capire come queste persone ragionano e si comportano rispetto a ciò che gli succede intorno è importante, sia ai fini terapeutici, ma soprattutto per le persone che gli vivono vicino. Sempre dallo stesso articolo, possiamo ricavare quali siano i tre livelli principali di distorsione cognitiva (Insieme mutevole, Coerenza centrale e Processo decisionale) che troviamo in questi soggetti, conseguenti ai traumi subiti e alla loro genetica :

<< Insieme Mutevole. Per primo, si considera l'insieme mutevole cognitivo, il quale si riferisce alla abilità di andare avanti e indietro tra compiti multipli, operazioni o insiemi

mentali ed è una maggiore componente di funzionamento esecutivo. Problemi nell'insieme mutevole si possono manifestare o come inflessibilità cognitiva (ad esempio approcci concreti e rigidi alla risoluzione dei problemi) oppure con l'inflessibilità di risposta (ad esempio comportamenti stereotipati) e sono stati associati con i soggetti DCA. Una sistematica meta-analisi mostra che partecipanti di entrambi AN e BN hanno problemi a eseguire una grossa serie di compiti di insiemi mutevoli cognitivi […]. Proponendo una base genetica per un alterato insieme mutevole cognitivo, Holliday et al. (2005) trovarono più difficoltà sul set mutevole in sorelle sane di pazienti AN che in donne sane non correlate. […]

Coerenza centrale. La seconda abilità cognitiva ipotizzata ad essere alterata nei DCA è la coerenza centrale. Una debole coerenza centrale si riferisce all'aumentata elaborazione dettagliata, accompagnata da una limitata abilità a capire il contesto o "vedere il quadro generale". Questo implica che l'informazione sia processata in parti, piuttosto che come un intero, che quindi danneggia il pensiero globale. La coerenza centrale è stata riconosciuta come giocante un importante ruolo nel disturbo dello spettro autistico ed è stato suggerito di essere collegato allo sviluppo dei DCA. Una debolezza della coerenza centrale potrebbe spiegare la preoccupazione per i dettagli e regole osservate in molti DCA.

I pazienti AN risultano anche avere una "teoria della mente" più debole comparata ai controlli sani. La teoria della mente si riferisce alla capacità cognitiva di capire gli stati interni degli altri e una debole teoria della mente è caratteristica dell'autismo. Comunque, Oldershaw e al. (2009) dimostrarono che i pazienti AN recuperati operavano significativamente meglio che i pazienti AN in corso di malattia quando si deducono emozioni durante un compito di teoria della mente, mostrando che l'alterata teoria della mente è probabile essere causata da inedia autoindotta. [...] Comunque, la debolezza della coerenza centrale fu correlata con il numero di tratti ossessivo - compulsivi. Questo si adatta bene con l'idea di una debole coerenza centrale che spiega la preoccupazione anoressica dei dettagli e delle regole.

Processo decisionale. Una terza abilità cognitiva che è studiata nei DCA è il processo decisionale. I pazienti DCA mostrano ridotta capacità decisionale. [...] C'è una significativa correlazione negativa tra esecuzione e sintomi bulimici, indipendentemente dai sintomi depressivi.[...] Il processo decisionale è stato legato all'incremento di impulsività e al consumo eccessivo di cibo.>>.

Non sapendo come affrontare i problemi che si presentano, o essendo sovrastati dagli stessi, queste persone applicano l'unico modello che conoscono: il controllo del peso e dei cibi. Ma queste problematiche cognitive si manifestano anche per un cambiamento delle situazioni di vita o dei compiti che devono svolgere. Geneticamente questa difficoltà di flessibilità mentale, ci spiega perché probabilmente questi soggetti non riescono a trovare altre soluzioni se non delle restrizioni o delle forzature per raggiungere degli obiettivi che non dovrebbero nemmeno esistere; ma questi soggetti non riescono a vedere altre soluzioni perché c'è la mancanza di una visione del quadro generale che gli dia una visione d'insieme delle situazioni.

Poi, nei soggetti anoressici, con l'inedia, il cervello funziona ancora peggio di prima; vengono accentuate delle carenze di base. Ci si perde quindi nei particolari, che sono tutto ciò che questi soggetti riescono a vedere.

Ci si concentra sul cibo per spegnere l'eccesso di ansia. Perché a livello dei circuiti del piacere, c'è il rilascio di sostanze che potrebbero mitigare lo stato d'ansia. Nei soggetti bulimici questo deriva per effetto compensatorio, cioè vengono rilasciate sostanze che inducono piacere a livello neuronale e quindi c'è l'impulso a mangiare, anche di tipo compulsivo. Mentre per gli anoressici, sappiamo che la restrizione alimentare, in qualche modo, crea un effetto mentale positivo in questi soggetti.

5. IL DISTURBO POST TRAUMATICO DA STRESS

Il trauma non produce solo un disturbo cognitivo, ma anche il Disturbo Post Traumatico da Stress (PTSD) e tutta una serie di comorbidità.

Non si sa se sia proprio il PTSD a creare i problemi cognitivi, in quanto non consente ai soggetti malati di avere un processo mentale coerente ed autonomo, oppure se sia una situazione parallela e aggiuntiva. Per la nostra analisi questo non è un punto fondamentale da dirimere, prendiamo atto che sono delle situazioni che coesistono e vanno considerate anche nei DCA.

Si ricorda inoltre che legato al concetto di PTSD, c'è il concetto della dissociazione dove i soggetti tendono a dimenticare l'evento traumatico per tutta una serie di ragioni su cui la letteratura specifica ha ampiamente riportato. E vedremo che questo fenomeno è presente nella patologia che si sta trattando.

Dall'articolo di Brewerton (2007) prendiamo questo passaggio che fa risaltare come il PTSD, il disturbo dissociativo e la comorbidità psichiatrica siano presenti nei DCA: <<La questione della comorbidità psichiatrica e la storia del trauma sono inevitabili per i clinici che diagnosticano e trattano i pazienti con i disturbi alimentari. E' molto raro che i pazienti siano solo quello: individui con *soltanto* il disturbo alimentare. Più comunemente, loro sono anche individui che sono ospiti di altre condizioni o sintomi tali come stato d'animo, ansietà, uso di sostanze e/o disturbi della personalità come disturbi somatoformi, disturbi dissociativi, disturbi nel controllo degli impulsi, disturbi del comportamento dirompente. Difatti, quando si tratta di disturbi alimentari, la comorbidità è effettivamente "la regola piuttosto che l'eccezione", particolarmente tra quelli con caratteristiche bulimiche. E' importante sottolineare che tutte queste condizioni di comorbidità sono state trovate nell'essere associate con storie di esperienze traumatiche precedenti, tanto quanto con disturbo postraumatico da stress (PTSD).>>.

Si riprenderà il concetto di PTSD nei prossimi paragrafi legandolo agli altri elementi che verranno introdotti. Per il momento lo consideriamo come un elemento che ci può far capire la presenza di un DCA in soggetti geneticamente predisposti.

6. I FATTORI PSICOSOCIALI E SOCIOCULTURALI

6.1 - Fattori psicosociali come forme di violenza

La vita nella società, comporta di subire tutta una serie di stimoli che sono i Fattori Psicosociali. Questi stimoli possono essere alle volte molto difficili da gestire, soprattutto per alcuni soggetti. La tesi è che questi fattori psicosociali e socioculturali debbano essere considerati delle vere e proprie forme di violenza. Magari saranno delle violenze modulate, camuffate, mascherate; possono essere violenze di vario tipo, soprattutto di tipo psicologico ed economico, ma sempre delle violenze rimangono. Con delle conseguenze reali sui soggetti che le subiscono e che non sono in grado di gestirle. E infatti abbiamo visto che le violenze creano dei traumi e degli effetti sulla popolazione.

Secondo l'ipotesi che ci possa essere una sorta di "Società in Modulazione di Violenza", bisogna capire che la violenza sociale serve, di base, a strutturare la società. Il problema è che la violenza certe volte eccede in quantità (oltre quindi alle esigenze gerarchizzanti) e soprattutto bisogna necessariamente considerare che non tutti i soggetti rispondono in modo uguale a degli stimoli che sono generali e diffusi nell'ambiente sociale.

I Fattori psicosociali considerati in letteratura, più che altro riguardano il campo del lavoro e dello stress lavorativo dove si considerano le problematiche che i lavoratori possono trovare nel mondo del lavoro e sul posto di lavoro quali l'ostilità, il mobbing, la depressione, la disperazione, gli eccessivi carichi di lavoro, le problematiche di convivenza eccetera. Questi studi hanno una valenza economica prima che sociale. Infatti se troppi soggetti, contemporaneamente, subiscono troppo stress e troppi traumi sul luogo di lavoro, la produttività calerebbe e ciò il sistema non può permetterlo. Ogni gruppo, ogni azienda, ogni organizzazione, ogni Nazione, deciderà come calibrare l'influenza dei Fattori psico-sociali per la migliore resa produttiva. Si sottolinea questo, che come argomento sembrerebbe fuori il campo di analisi del libro, perché in realtà, il fatto che si cerchi di curare i vari malati di DCA e si cerchino di limitare i Fattori Psicosociali che questi subiscono, non è primariamente in funzione di salvaguardare i soggetti che si ammalano, ma piuttosto serve per mantenere la ricchezza della società, riducendo gli effetti più deleteri del fenomeno. Riprenderemo questo discorso più avanti.

Si potrebbe, poi, considerare che anche il luogo di lavoro potrebbe essere un ambiente sociale in cui si possano subire delle situazioni che possono portare a subire un trauma e quindi portare allo sviluppo dei DCA, visto anche l'aumento medio di insorgenza della malattia, negli ultimi anni, in fasce di popolazione adulta. Ma in realtà gli ambienti sociali che possono dare maggiore problematiche DCA sono altri, considerando proprio che queste malattie psichiatriche riguardano molto lo sviluppo neuronale e quindi momenti di vita antecedenti l'arrivo nel mondo del lavoro.

Infatti, i principali centri sociali che vanno considerati per quanto riguarda i DCA sono la famiglia, la scuola, l'ambiente sportivo e il sempre più presente ambito mediatico in cui un soggetto è inserito.

6.2 - La Famiglia

La famiglia, per ragioni ovvie, è il principale ambiente sociale e di crescita del bambino ed è chiaro che le influenze sono enormi. Per molti anni, si erano incentrati gli studi sullo sviluppo del disturbo anoressico, sul rapporto madre-figlia. Seppur una base ci deve essere, si è visto che è un approccio nel contempo molto limitante.

La famiglia è il primo ambiente educativo, ma è anche un ambiente sociale dove possono risiedere enormi problemi. Ci possono essere abusi fisici, abusi psicologici, abusi sessuali. Ci possono essere delle richieste eccessive nei confronti dei figli, sia in termini di rendimento scolastico e sportivo, ma anche di comportamento, che magari ricalcano delle esigenze culturali, religiose ed etiche che stonano in un contesto sociale diverso da quello famigliare o che sono proprio e semplicemente derivanti da disturbi psichiatrici pregressi o latenti del genitore. C'è anche l'aspetto della carenza: negli affetti, nell'attenzione, nella considerazione del figlio; tutte cose che fanno soffrire, magari in soggetti particolarmente esposti in questo senso, dal punto di vista genetico. Abbiamo anche famiglie in cui i figli sono utilizzati come oggetti di esposizione, che esistono solo per essere mostrati o come propaggine del genitore.

Questi aspetti li troviamo confermati anche in un passaggio del Quaderno del Ministero della Salute sui DCA (Settembre 2017): <<All'interno della famiglia ci possono essere conflittualità che vanno considerate. La famiglia stessa può essere causa di traumi, stress psicofisici e violenze: conflittualità, affettività legata ai successi personali sportivi scolastici, commenti critici e ostili, cura eccessiva, ipercontrollo, rabbia, sensi di colpa, collusione con comportamento alimentare

disturbato e/o evitamento del problema, consumo di sostanze d'abuso, pratiche e idee sessuali estreme, mancanza di cura e interesse per la vita dei figli, mancanza di affettività, abbandono, violenza fisica, divorzio, separazioni.>>.

Si vuole proporre, però, anche una prospettiva ulteriore, aggiuntiva. Infatti, visto che alcuni dei traumi avvengono fuori dalle mura domestiche, si potrebbe rilevare nella famiglia proprio l'incapacità di dare ai figli una chiave di lettura adeguata del mondo. I genitori, per essere più diretti, non danno ai figli sufficienti elementi per affrontare e gestire la violenza sociale che incontreranno fuori dalle mura domestiche, ma anche dentro casa, con i fratelli ad esempio, ma soprattutto con quello che entra dai mezzi di comunicazione di massa.

6.3 - Il trauma infantile

Concentreremo ora la nostra attenzione sul trauma infantile, uno dei traumi più importanti e negativi che riguardano la vita in famiglia e non solo.

Dall'articolo di Messina e al. (2013) prendiamo i seguenti spunti: << Sulla base della natura degli eventi traumatici una recente review italiana individua cinque aree di pertinenza del trauma:

1- abuso sessuale: quest'area è quella che include tutte quelle situazioni nelle quali i bambini ed adolescenti vengono coinvolti, con varie modalità, in attività sessuali;

2- maltrattamento fisico: area nella quale si prendono in considerazione incuria e abusi fisici perpetrati ai danni di un minore da parte di chi ne ha custodia;

3- lutto e malattie: è l'area comprendente i lutti, le malattie e gli incidenti significativi, vissuti direttamente dal bambino o da figure per lui di riferimento;

4- abbandoni e separazioni: in quest'area si possono inserire le situazioni in cui viene a mancare, in modo definitivo o parziale, una delle figure dell'accudimento;

5- maltrattamenti psicologici: in quest'area vengono inclusi abusi emozionali, nonché atteggiamenti di freddezza o ostilità da parte delle figure dell'attaccamento.

L'individuazione di eventi ascrivibili a ciascuna di queste aree, occorsi in età infantile, è oggi considerata un momento fondamentale della ricerca, a causa del ruolo critico che essi rivestono nella psicopatologia dell'età adulta. Secondo alcuni autori è bene tenere distinte le aree traumatiche in cui un bambino è esposto direttamente, come vittima o come testimone, alla violazione delle norme sociali da parte di un essere umano, da quelle nelle quali un bambino vive un evento naturale catastrofico o una malattia. [...] Secondo tale punto di vista è opportuno considerare un'altra area traumatica, quella della vittimizzazione: essa include alcune tipologie di eventi traumatici già sopra indicati, ma consente di inserirne altri: l'aver assistito ad episodi di violenza domestica, l'essere stati vittima di qualunque tipo di aggressione fisica (perpetrata al di fuori del contesto famigliare), l'aver subito atti di bullismo (sia fisico che verbale) da parte del gruppo dei pari o da famigliari di età vicina.

Tabella delle Tipologie di Esperienze Avverse Infantili (Childhood Adverse Experience) e prevalenza in un campione rappresentativo di adulti:

Childhood Adverse Experience	Prevalenza (%)
Morte di un genitore	11,0
Divorzio dei genitori	10,1
Perdita dei genitori di altro tipo	4,0
Malattia mentale di un genitore	5,3
Dipendenza da sostanze di un genitore	4,5

Coinvolgimento dei genitori in attività criminali	3,4
Violenze in famiglia	7,8
Abuso fisico	5,3
Abuso sessuale	2,4
Neglect	4,4
Malattia	3,9
Difficoltà economiche	5,2

Tabella delle tipologie di vittimizzazione e prevalenza in un campione di giovani di età compresa tra 2 e 17 anni:

Tipo di vittimizzazione	Prevalenza (%)
Maltrattamento da parte dei coetanei	11,0
Violenza nella comunità	10,1
Rapine	4,0

Conseguenze in età adulta – Un recente ed imponente studio, condotto in ventuno Paesi, ha valutato la relazione tra traumi infantili, indagati retrospettivamente, e patologia mentale in età adulta, evidenziando che eventi traumatici vissuti in età evolutiva sono associati ad un maggiore rischio di patologia mentale (disturbi dell'umore, disturbi d'ansia, dipendenze e disturbi comportamentali). Questo risultato ha portato gli autori a concludere che è necessario identificare precocemente i bambini esposti a situazioni traumatiche, ma anche gli adulti che hanno vissuto esperienze di questo tipo. Il meccanismo fisiopatologico alla base di tale relazione è ancora incerto, anche se molti autori sostengono che esso dipenda dall'asse ipotalamo-ipofisi-surrene, che, attivato durante l'infanzia per eventi stressanti, rimane disfunzionale, verosimilmente attraverso meccanismi epigenetici e trascrizionali.

Il trauma infantile nei DCA – Tradizionalmente gli studiosi hanno ricercato l'origine dei DCA nelle relazioni famigliari, in particolare nella diade madre-figlia. In epoche successive [...] rispetto a questi pionieristici lavori, si è tentato di stabilire se i maltrattamenti infantili potessero essere coinvolti nella genesi di tali disturbi. Le prime ricerche di questo tipo risalgono agli anni Ottanta e si protraggono per anni, attestando una correlazione tra abuso sessuale e DCA, in particolare con la BN. Uno studio condotto su un largo campione di donne ha dimostrato che l'abuso fisico infantile costituisce un verosimile fattore di rischio per DCA, mentre la contemporanea presenza di storia di abuso fisico e sessuale corrisponde ad un incremento del rischio di diagnosi di DCA di tre volte, rispetto al gruppo di controllo. Gli studi sul ruolo del maltrattamento psicologico del Disturbi del Comportamento Alimentare hanno avuto un notevole incentivo con la dimostrazione che è il maltrattamento emotivo, non quello fisico o la violenza sessuale, ad associarsi maggiormente al rischio di sviluppare una patologia del comportamento alimentare in età adulta. Per quanto riguarda poi il ruolo che altri traumi infantili possano giocare nella psicopatologia alimentare, la letteratura appare piuttosto scarna: pochi studi hanno valutato la vittimizzazione da parte dei pari in pazienti con DCA, evidenziando un'associazione tra questo tipo di trauma, BED e BN. […] più di recente invece un altro lavoro ha rilevato un maggiore rischio di comportamenti alimentari anomali in donne con genitori divorziati. […]

La ricerca intorno alla storia di trauma e DCA ha ampiamente analizzato l'area dell'abuso sessuale, il quale può attualmente essere definito statisticamente come un fattore di rischio variabile. Questa conclusione necessita però di ulteriori conferme, basandosi sui dati di un'unica ricerca longitudinale. Pochi studi valutano il rapporto tra eventi stressanti e l'insorgenza di DCA, consentendo solo di individuare una correlazione tra le due condizioni, ossia una significativa co-occorrenza. Per poter parlare di fattore di rischio è necessario che venga dimostrata anche una relazione temporale tra il fattore in causa e la condizione clinica, attraverso studi longitudinali di cui al momento non si dispone. Sia per l'abuso sessuale che per gli stressor la magnitudo, o potenza, dell'associazione è da considerare comunque bassa. In realtà è sempre opportuno tenere presente che occuparsi dei traumi psichici significa valutare la soggettività delle risposte. Per quanto un tentativo di schematizzazione del trauma sia necessario ai fini pratici, occorre recuperare una visione più ampia; l'esperienza degli psicoanalisti dimostra che possono essere considerati traumatici sogni, parole, toni di voce, se avvenuti entro un dato contesto. La necessità della psichiatria di riconoscere agevolmente i traumi, attraverso l'individuazione di precisi eventi anamnestici, deve essere conciliata con l'importanza di ricercare in ogni paziente le tracce di un trauma che può essere individuato anche in una esperienza infantile apparentemente neutra. Allo stesso modo un evento catastrofico vissuto in età adulta potrebbe dare luogo a manifestazioni di sofferenza psichica le cui vere origini, dopo attenta analisi, potrebbero derivare da esperienze traumatiche infantili mai risolte.>>.

Il trattato appena esposto davvero raccoglie tutti gli elementi di cui si è parlato fin'ora e ci da anche delle conferme di tipo statistico importantissime. Quello che manca forse è l'inserimento di tutti questi traumi psicosociali in un contesto più ampio che in questo libro si vuole legare al concetto omnicomprensivo di "violenza sociale". Allora, una famiglia che non da gli strumenti per affrontare il mondo inserita in una società che fa violenza, fa subire a figli immaturi e non istruiti dei traumi che possono essere anche "gravi", che in alcuni casi portano alla malattia DCA, che sappiamo essere solo una delle possibili declinazioni delle varie malattie psichiatriche che possono essere conseguenza della violenza sociale.

Si potrebbe avere infatti, invece che un disturbo alimentare, lo sviluppo di schizofrenia, di consumo di droghe, la ricerca del suicidio, eccetera.

E' da valutare se in alcuni casi di bullismo, che i bambini subiscono, nascano anche dalla condizione che le famiglie impongono ai figli che riguardano, ad esempio, la religione che gli fanno professare, i vestiti che gli fanno indossare, la condizione di essere o meno vaccinati eccetera. Quindi sono fenomeni, anche nuovi (vedi le recenti migrazioni di genti), che derivano da un'influenza famigliare che non sono però da considerare una violenza della famiglia in senso stretto.

Nella stessa area concettuale, c'è poi la questione dell'appartenenza a delle minoranze etniche e alla questione del colore della pelle, che non deriva da imposizioni famigliari, ma dalla condizione di nascita. E' chiaro che il bullismo deriva dalla violenza della società e non staremo qua a discuterne le cause e le origini; infatti quello che interessa far risaltare è che una particolare condizione sociale e culturale, aumenta la possibilità di essere l'obiettivo di attacchi di bullismo. Se la famiglia non convoglia determinati elementi culturali e non dota i figli degli strumenti, anche psicologici, per difendersi da questa violenza, che è endemica alla struttura sociale, i figli potrebbero subire dei traumi che possono portare anche ai disturbi di DCA. E' quindi chiaro che il ruolo della famiglia è importante, anche se è solo la causa indiretta o secondaria di questi problemi che sono appena stati esposti.

Approfondendo ancora il ruolo del rapporto dei figli con la madre e lo sviluppo dei DCA, bisogna valutare che essa stessa passa molto tempo con i figli (sia per il ruolo che ha la madre nelle famiglie che per la struttura delle famiglie), per cui statisticamente può essere fonte di trauma per la prole, sia per ciò che fa, sia per le omissioni che le si possono imputare. Gli aspetti da valutare sono il tipo di educazione che propone, come la impone e il modello di comportamento che esprime, anche rispetto a quello che è il messaggio verbale.

Non è quindi solo l'abuso in sé che provoca il trauma, ma è anche l'incapacità di gestire la situazione; senza strumenti educativi e culturali non si riesce a difendersi e ad evitare le situazioni di violenza ed inoltre non si riesce a superarle nel momento che le si subiscono (perché anche avendo gli strumenti per evitare una violenza, può comunque capitare di subirla e per riuscire a superarla, a metabolizzarla in modo salubre, impone la conoscenza di altri strumenti che sono additivi e diversi rispetto ai primi).

I tipi e le forme di violenza sono diverse (e diversamente percepite). Quindi a un diverso tipo di violenza (o tipo di stress o tipo di trauma) potrebbe corrispondere un diverso e plausibile disturbo del comportamento alimentare che sorge solo sulla base di un certo tipo di genetica.

Se per lo stesso stimolo di stress o di trauma, non si ha la stessa risposta in termini di disfunzione alimentare, quindi il diverso tipo di DCA potrebbe derivare da una genetica differente. Ma nel contempo potrebbe corrispondere ad una soglia da superare per l'espressione fenotipica del disturbo, che è diversa per ognuno e che è influenzata da molti fattori, tra i quali quelli sociali, famigliari, culturali eccetera.

6.4 - Lo Sport

Un altro ambiente sociale nel quale si vengono a creare gli elementi per il possibile sviluppo di disturbi del comportamento alimentare è quello sportivo. Lo sport non viene visto in molti e troppi casi, come un momento di socialità e salute, ma solo come prestazione, risultato, record e danaro. Alcuni ragazzi sono sottoposti a degli allenamenti estenuanti per gratificare allenatori, genitori, famiglie ed amici, con il rischio, tra l'altro, di abusare anche di sostanze chimiche con funzione di integratori, oltre che sostanze dopanti e anabolizzanti. Oltre ai traumi di tipo fisico, questi ragazzi rischiano di subire dei traumi psicologici o a sottoporsi a diete più o meno specifiche per rientrare nei parametri richiesti dalla disciplina o dalla società. A tutti gli effetti, quindi, le influenze a cui questi ragazzi sono sottoposti, sono da considerarsi delle forme di violenza. La competizione, soprattutto se imposta, diventa una forma di violenza indiretta, ma reale. Pensiamo a quanto siano importanti le prestazioni sportive in vari paesi del mondo, soprattutto anglosassoni, per garantirsi la possibilità di una borsa di studio e di un futuro.

Si riporta ciò che i Quaderni del Ministero della Salute (Settembre 2017) dicono a proposito del ruolo dello Sport:

<< Quando lo sport diventa competitivo non sempre è sinonimo di salute. In alcuni casi, i cambiamenti fisiologici e gli stress nutrizionali generati da un esercizio fisico strenuo possono portare gli atleti al limite tra il benessere e il danno fisico. Inoltre, la pressione a mantenere un basso peso corporeo, tipica

di molti sport ad alto livello, può essere tale da portare un atleta, sia femmina che maschio, a cambiamenti nutrizionali, sviluppando in taluni casi un disturbo dell'alimentazione di gravità clinica tale da compromettere la performance sportiva e la salute fisica.

Numerosi dati indicano che gli atleti hanno maggiori problemi alimentari rispetto ai non atleti. L'attività fisico-sportiva maggiormente associata all'insorgenza dei disturbi dell'alimentazione è quella dei cosiddetti "lean sport" in cui è richiesta una determinata classe di peso o in cui si crede che un basso peso e un corpo magro possano conferire un vantaggio competitivo su base biomeccanica o relativa al giudizio sull'aspetto fisico. I lean sport includono quelli di "resistenza" (per es. corsa, nuoto, ciclismo), quelli di "aspetti fisico" (per es. pattinaggio artistico, tuffi, ginnastica) e quelli di "classe peso dipendenti" (per es. lotta, pugilato, arti marziali, sollevamento peso). La maggior parte dei dati indica anche la prevalenza dei disturbi dell'alimentazione aumenta con il livello di competizione.

Anche l'ortoressia è un disturbo che va considerato quando si parla di sport (per la particolare percezione che lo sportivo sviluppa verso il cibo).>>.

Il punto cruciale è che nel caso dello sport, non c'entra il soggetto-persona come è, ma esiste solo per cosa si può fare, rispetto ad una determinata prestazione atletica. Caratteristiche di accettazione da parte degli altri e di successo non sono basate sulla personalità e peculiarità del soggetto, ma su dati legati ad un valore, numerico la maggior parte delle volte. Si è quindi in competizione con gli altri, determinando il successo o l'insuccesso e quindi anche l'eventuale accettazione e il riconoscimento da parte della società. Per alcuni, questa pressione diventa insostenibile.

Per completare l'analisi, partendo dal testo di Thompson (Mind, Body and Sport: Eating Disorders) possiamo dire che la partecipazione agli sport ha numerosi effetti positivi. Le persone che fanno sport tendono a vivere più sane che i non atleti e acquisiscono la capacità di lavorare in team, la disciplina, la capacità decisionale. Comunque alcuni aspetti dell'ambiente sportivo possono aumentare il rischio di alimentazione disordinata e quindi anche di disordini alimentari o disturbi alimentari. Un caso particolare sono gli studenti-atleti. Ma anche gli altri atleti possono ricadere in queste problematiche, solo che gli studenti atleti hanno delle pressioni maggiori, se non altro perché devono studiare e dare una prestazione anche sotto quel punto di vista, che aumenta quindi lo stress (Lo stress è un elemento che non abbiamo approfondito molto fino ad adesso, ma che ha un ruolo molto importante, sia per la formazione del trauma, che nel post trauma).

L'alimentazione disordinata e i disturbi del comportamento alimentare sono correlati ma non sono sempre la stessa cosa. Tutti i DCA comportano un'alimentazione disordinata. Ma non tutte le alimentazioni disordinate incontrano i criteri diagnostici per i DCA. I DCA non sono semplicemente alimentazione disordinata, ma piuttosto sono condizioni caratterizzate da una persistente alterazione del mangiare o un comportamento correlato al mangiare che danneggia la salute fisica o il funzionamento psicosociale.

Ragioni per le quali gli atleti e gli studenti-atleti sono a rischio:

- Prevalenza. I DCA accadono in tutti gli sport ma non in modo uguale in tutti gli sport. Come nella società, i DCA accadono più frequentemente nelle donne che negli uomini. E gli sport dove gli atleti sono magri o di basso peso, perché si crede ci siano dei vantaggi di prestazione di tipo biomeccanico o perché viene valutata l'esecuzione, la prevalenza è maggiore. Soprattutto le donne in questi sport sono considerate ad essere ad alto rischio. Influenzare questi soggetti a mantenere dei pesi ridotti o ad essere giudicati sul loro aspetto fisico o sul gesto prodotto, non è niente altro che una violenza di tipo psicologico, che ricalca comunque le pressioni che qualsiasi soggetto subisce nella vita lavorativa e sociale. Solo che in questo caso la pressione si concentra sul peso e quindi sull'alimentazione e per alcuni soggetti questo può portare allo sviluppo della patologia DCA.

- Genetica. Gli studi di genetica epidemiologica e molecolare suggeriscono una forte predisposizione genetica nello sviluppo dei DCA. Comunque, non tutti gli individui con una predisposizione genetica, sviluppano il disturbo, forse proprio perché ci vuole un trauma o uno stress che lo attivi come si evince nel prossimo punto.

- Fattori socioculturali. Prima delle spiegazioni genetico-correlate, la principale spiegazione per lo sviluppo dei DCA coinvolge i fattori socioculturali. Quindi si potrebbe dire che gli individui geneticamente predisposti, se soggetti a traumi di tipo socioculturale, potrebbero sviluppare un disturbo del comportamento alimentare. Quindi questi soggetti esposti a pressioni sociali o culturali riguardanti il peso e l'apparenza possono sviluppare i DCA. Ma sicuramente li svilupperanno quei soggetti più proni alla accettazione di sé stessi attraverso l'accettazione della loro bellezza fisica da parte degli altri. Si giustificherebbe così perché la maggior parte di coloro che sviluppano la patologia nei così detti "sport magri", sono donne. Infatti i maschi, sviluppano altre forme psico-patologiche, sempre nello sport, come ad esempio la vigoressia, perché la loro accettazione della bellezza fisica non passa attraverso la magrezza, ma attraverso le dimensioni muscolari. Anche la vigoressia ha alla base un disturbo cognitivo, ansia e insicurezza personale.

Quindi si potrebbe dire che la genetica prepara il terreno per la malattia mentre le pressioni socioculturali possono porle in essere. Una volta che la malattia inizia, le pressioni socioculturali di solito assistono nel mantenimento della stessa.

Un altro aspetto socioculturale da tenere in considerazione in questo campo è che il DCA può iniziare o peggiorare nei momenti di transizione che rendono gli studenti-matricole molto vulnerabili.

Ma chi sottopone i ragazzi a queste pressioni? Sono le famiglie, gli allenatori, i gruppi sportivi, le istituzioni nelle quali sono inseriti e la società più in generale.

In più, gli studenti-atleti possono sperimentare più stress degli altri atleti perché devono affrontare periodi lontano da casa assieme alle richieste accademiche, oltre alla pressione derivante dal partecipare alle competizioni. I problemi alimentari sono spesso la via con la quale i soggetti gestiscono questi fattori di stress.

- <u>Fattori correlati allo sport</u>. Proprio come la società e la cultura enfatizzano l'ideale di magrezza, pressioni simili esistono nell'ambiente sportivo riguardo all'essere magri e il suo presunto effetto sulla prestazione sportiva. Questa enfasi sul ridurre il peso corporeo e il grasso per migliorare le prestazioni sportive, può risultare in pressioni sul peso per gli studenti-atleti da parte dei loro allenatori (o anche compagni di squadra) che aumenta il rischio di dieta restrittiva, tanto quanto l'uso di metodi per perdere peso patogenici e alimentazione disordinata. Anche la percezione dello studente-atleta del fatto che il suo allenatore pensi che abbia bisogno di perdere peso, può aumentare la pressione sul peso e l'incremento del rischio di alimentazione disordinata.

A questo punto sarebbe da approfondire il fatto che nella società odierna, c'è una distorsione della funzione dello sport. Ci si dimentica della funzione di benessere psicofisico dell'attività sportiva e si punta tutto sul raggiungimento dei record in funzione di soldi e fama. Inoltre sarebbe da valutare come le pressioni vengano svolte, sia dalle figure di riferimento come l'allenatore e i genitori, ma anche dai pari che alle volte possono essere altrettanto gravi se non peggiorativi.

Inoltre, per certi atleti-studenti, le divise sportive, che rivelano e mettono in risalto alcune parti del corpo, possono incrementare la consapevolezza del corpo, l'insoddisfazione del corpo e l'uso di metodi di riduzione di peso patogenici. Degli studi hanno dimostrato che per gli sport acquatici e per la pallavolo, l'utilizzo di divise sportive rivelanti parti del corpo, erano fonte di stress, di calo della stima per il proprio corpo oltre che elemento di distrazione che influenza negativamente la prestazione sportiva.

Gli atleti sanno che esporre il proprio corpo, durante la prestazione sportiva, li mette nella condizione di essere giudicati. Questo può portare a manifestare delle insicurezze personali che si riversano sulla percezione della propria struttura corporea. Inizia a crearsi nella loro mente l'idea che l'accettazione da parte degli altri, cosa di cui tutti sentiamo il bisogno, avvenga attraverso il giudizio che gli altri danno sul loro corpo e ciò può portare alle conseguenze di cui sappiamo nel campo dei DCA.

Le relazioni tra immagine corporea e insoddisfazione corporea nelle studenti-atlete donne è più conflittuale e confusa che nelle nella popolazione generale. Le donne sportive hanno due immagini corporee: una per quello che riguarda la loro attività all'interno dello sport e l'altra al di fuori dell'attività sportiva. E l'alimentazione disordinata o un disturbo dell'alimentazione può avvenire in uno dei due contesti o in entrambi. Inoltre alcune studenti-atlete donne sono in conflitto ad avere un corpo muscolare che facilita la prestazione sportiva ma può non conformarsi alla tipologia di corpo socialmente desiderato e potrebbe essere percepito come troppo muscoloso se comparato alle norme sociali riguardanti la femminilità. Qua si individuano dei dualismi e degli isterismi sociali che portano alle nevrosi dei soggetti. Argomento che tratteremo anche nella parte riguardante i media.

Gli allenatori hanno un'influenza notevole sui loro atleti e sembra che la loro relazione con i loro studenti-atleti (più specificatamente il loro clima motivazionale) possa influenzare il rischio di alimentazione disordinata. Una relazione tra allenatore e atleta caratterizzata da alto conflitto e basso supporto è stato associato con l'aumento della patologia alimentare tra gli atleti. Inoltre, un clima motivazionale basato sulla "prestazione" (contrario a un clima di "padronanza delle abilità") che alcuni allenatori usano, è stato associato con un aumentato rischio di alimentazione disordinata.

C'è un altro rischio per gli studenti-atleti che si riferisce agli aspetti dell'ambiente sportivo che rende l'identificazione dell'alimentazione disordinata/disturbo alimentare più difficoltosa: nella società e nello sport agli atleti si richiede spesso di mostrare un corpo con particolari dimensioni o forma che diventano caratteristiche di uno sport particolare, come un atleta di resistenza che ci si aspetta magro. Tali "stereotipi di corpi sportivi" possono influenzare la percezione degli atleti da parte degli allenatori e così gli atleti che rientrano nel modello "magro" sono meno inclini ad essere identificati come aventi un disturbo dell'alimentazione.

Infine, i sintomi del disturbo alimentare (come il sottoporsi a diete, la perdita di peso e l'allenamento eccessivo) possono essere mal interpretati e considerati normali o anche desiderabili nell'ambiente sportivo. E i tratti di personalità simili a quelli dei pazienti con disturbo alimentare (come il perfezionismo e l'eccessiva attività fisica) possono essere mal interpretati come essere l'espressione dei tratti di un "buon atleta".

6.5 - Droga

Ci si domanda se le droghe e le sostanze d'abuso possano essere un fattore scatenante e slatentizzante dei DCA. La droga può essere considerato un fattore psicosociale? Può essere la fonte di un trauma? O il suo consumo è l'espressione di un disturbo mentale che è solo in comorbidità con il DCA? E che quindi sono solo un fattore che alle volte (soprattutto per Bulimia e BED) vanno ad agire sugli stessi centri nervosi? Oppure la droga svolge da supporto a chi ha uno dei disturbi del comportamento alimentare?

Per provare a rispondere a tutte queste domande riportiamo delle parti del testo di Manna e al. (2002):

<<Le dipendenze patologiche da sostanze e le psico-patologie ad esse correlate presentano, per loro natura, una connotazione d'intrinseca complessità. Esse derivano, infatti, dal convergere, nel singolo consumatore:

- degli specifici effetti farmaco-tossicologici delle sostanze d'abuso;

- della peculiare vulnerabilità psico-biologica del paziente;

- di numerosi e disparati fattori socio-ambientali, con effetti modulanti il comportamento d'abuso, ma anche l'insorgere e l'evolversi del quadro psico-patologico correlato. [...]

Attualmente, per "dipendenza patologica da sostanze" s'intende la condizione di subordinazione del benessere psicofisico, di un individuo, all'assunzione più o meno regolare di una sostanza esogena, con specifici effetti farmacologici, prevalentemente psicotropi, talora dannosi per il sistema nervoso o l'organismo nel suo insieme. [...]

La dipendenza patologica da alcool e sostanze, pur avendo basi neuro-biologiche ed aspetti di predisposizione geneticamente determinata, si correla, nel tempo, a disturbi della sfera psico-affettiva, mentale e sociale tali da richiedere interventi terapeutici specifici, mirati e coordinati. [...] Infatti, spesso, l'abuso di sostanze psicoattive e d'alcol è solo un aspetto esteriore e sintomatico di un più complesso e profondo disagio psico-sociale. A conferma di ciò, alta risulta la comorbilità tra gli utenti dei servizi per l'alcolismo e le tossicodipendenze. L'abuso di sostanze ed alcol, spesso, risulta essere l'epifenomeno di una complessa costellazione di fattori predisponenti e concausali che possono avere, di volta in volta, maggiore rilevanza sul piano socio-relazionale, psicopatologico e/o clinico-medico. [...]

Lo studio Epidemiological Catchment Area (E.C.A.) condotto, nella prima metà degli anni '80, su 20.291 soggetti, appartenenti alla popolazione generale, ha fornito importanti termini quantitativi di riferimento. In questo studio [...] per coloro che avevano una storia d'abuso di sostanze, il rischio di presentare disturbi mentali risultava essere circa quattro volte superiore a quello della popolazione generale. [...]

Tutte le principali sostanze d'abuso sono state chiamate in causa nello sviluppo di un disturbo psicotico indotto. [...]

Le interpretazioni etio-patogenetiche avanzate negli ultimi anni sulla comorbilità psichiatrica delle dipendenze patologiche, soprattutto per quanto attiene alle psicosi, tendono ad utilizzare prevalentemente due modelli: 1- il modello della "vulnerabilità" che ipotizza come l'impiego di sostanze possa slatentizzare la patologia psichiatrica o faciliti la sua espressione sintomatologica in soggetti predisposti; 2- il modello della "autoterapia" che ipotizza l'uso di sostanze come una forma di paradossale ed incongrua auto-medicazione di disturbi psichici pre-esistenti, talora non diagnosticati e non trattati. [...]

E' stato, inoltre, segnalato come fattore predisponente all'insorgere di una psicopatologia correlata all'uso di sostanze, il "carico" familiare, inteso come insieme di fattori patoplastici genetici e/o ambientali. Una più alta incidenza di patologie psichiatriche è evidenziabile nelle famiglie dei pazienti con comorbilità ed abuso di sostanze, soprattutto alcol. I fattori ambientali, nell'ambito familiare, che faciliterebbero l'insorgere di una patologia psichiatrica, correlata all'abuso di sostanze, sarebbero, inoltre, correlati all'apprendimento di risposte-tipo disfunzionali ad eventi stressanti o a situazioni ansiogene. [...]

Il "craving" (appetizione compulsiva) sembra essere il comune denominatore, l'essenza stessa, delle dipendenze patologiche da sostanze. Il "craving" viene associato ad un ampio spettro di condizioni psicopatologiche, che includono i disturbi mentali organici, i disturbi dell'umore (depressione stagionale), i disturbi dell'alimentazione (bulimia), i disturbi del controllo degli impulsi (gambling patologico, etc). [...] Questo desiderio può assumere le caratteristiche dell'impellenza e della compulsività, soprattutto in presenza di specifici e particolari stimoli e rinforzi, interni o esterni.>>.

Quindi con questo testo si conferma che le sostanze d'abuso fanno del danno e significa che possono stimolare anche l'insorgenza dei DCA con un effetto slatentizzante. Oltre naturalmente a lasciare aperta la valutazione sul fatto che ci potrebbero essere delle condizioni psichiatriche che portano ad un consumo maggiore di sostanze d'abuso e alcol.

Un ultimo punto di analisi rimane ancora da valutare: la droga può avere funzione slatentizzante maggiore per i DCA se consumata in giovane età, perché il cervello non è maturo? Più giovane è l'età di consumo della droga e maggiori sono i danni dal punto di vista cognitivo e di decadimento neuronale ed è più che risaputo (e tra l'altro non più possibili da recuperare nel prosieguo della vita). La domanda è però se vengono anche stimolate maggiori problematiche di tipo DCA rispetto all'età di consumo. Dai dati che questo studio ci fornisce, sembrerebbe che sia così.

6.6 - Scuola e bullismo

La vita nel nostro tipo di società, implica la necessità di istruirci e di entrare nelle istituzioni scolastiche di vario grado e capacità formativa. Il problema sta nel fatto che in queste istituzioni da un lato si è a contatto con tanti tipi di persone e dall'altro c'è la necessità di una prestazione, soprattutto intellettiva, che può influenzare in maniera determinante la vita futura delle persone. In questo contesto i fattori psicosociali sono molteplici: - la competizione con i pari; - le richieste della classe insegnante; - le richieste di successo da parte della famiglia; - il bullismo. Per semplicità, sono stati elencati solo quattro casi che possono portare stress e violenza, ma volendo se ne potrebbero indicare anche degli altri.

Quindi l'ambiente scolastico può essere uno degli ambienti dove un giovane può subire dei traumi e quindi, su una determinata genetica, sviluppare dei DCA.

La semplice educazione scolastica, poi, può essere intesa come una forma di violenza perché costringe dei bambini e dei ragazzi a stare chiusi per ore e ore in ambienti chiusi, a fare attività che magari non trovano interessanti o comunque con dei carichi di lavoro intellettivo elevati che non tutti riescono a sopportare o per i quali non tutti sono ancora pronti. Anche se bisogna sottolineare che queste attività sono funzionali allo sviluppo del soggetto e al loro ruolo nella società. Il carico di lavoro intellettivo può imporre dei forti stress negli studenti che possono portarli a subire delle problematiche su varie aree del loro benessere psicofisico, soprattutto in quei soggetti che meno sopportano queste situazioni.

Gli insegnanti poi, non sono sempre adeguatamente formati o adatti a seguire gli alunni, creando anche delle situazioni di disagio, offesa, esclusione, classificazione che possono creare dei traumi evidenti, di tipo psicologico, ma anche fisico. L'atteggiamento soverchiante e alle volte l'indifferenza verso le identità degli studenti, possono creare molti disagi.

Il problema del bullismo, poi rende il tutto molto chiaro su come in questi luoghi, la possibilità di sviluppo di DCA, si possa instaurare. Infatti il bullismo può avere due facce. La prima è il bullismo tra pari che mima la violenza della società che i ragazzi imparano nelle famiglie e nella vita quotidiana e che replicano nell'ambito scolastico, dove il diverso, il più debole, il più grasso, il più povero, ma anche il più bravo, vengono presi di mira. L'altra faccia del bullismo è invece la conseguenza dello stress da competizione scolastica che si vive all'interno di una classe.

Dall'articolo di Copeland e al. (2015) consideriamo questo:

<<Il bullismo è una esperienza infantile comune con conseguenze psicosociali durevoli. Lo scopo di questo studio era di testare se il bullismo aumenta il rischio di sintomi di disturbo alimentare. [...]

Nell'infanzia/adolescenza, le vittime di bullismo erano ad aumentato rischio di sintomi di anoressia e bulimia nervosa così come di caratteristiche associate. [...] I bulli erano ad un incrementato rischio di sintomi di bulimia e caratterizzazioni associate di disturbi alimentari e le vittime di bullismo avevano un più alto livello di sintomi anoressici. In termini di singoli elementi, le vittime erano a rischio di mangiare compulsivo e le vittime di bullismo avevano più binge eating e uso di vomito come comportamento compensatorio. C'era una piccola evidenza in questo campione che questi effetti differivano per sesso.>>

E' davvero interessante e sotto certi aspetti sbalorditivo, che si consideri il bullismo come "un'esperienza normale" dell'infanzia. Questo sembra quindi confermare che bisogna considerare la società come violenta e soprattutto che ne si debba tener conto sia in ambito educativo che nella società stessa. Quindi secondo questo articolo il bullismo è un elemento che predice che ci sia la possibile presenza di un DCA sia in chi fa la violenza e sia in coloro che la subiscono. Si ipotizza qua che chi fa violenza da un lato non riesce a gestire le sue pulsioni, per una mera questione genetica, e dall'altro lato, magari, perché subisce ed ha subito in qualche modo della violenza e sviluppa quindi un DCA. Mentre chi è vittima di bullismo potrebbe sviluppare la comparsa di un DCA .

6.7 - Società, cultura e ruolo dei media

Nel momento in cui siamo inseriti in una società, siamo soggetti a tutta una serie di input che hanno varie funzioni tra le quali quelle di controllare i suoi appartenenti e il loro comportamento con lo scopo di farla funzionare bene. Le società si strutturano tramite due comportamenti: l'altruismo e la violenza. Non si approfondiranno ulteriormente questi due punti, perché si andrebbe fuori tema, ma li si ricordano per dare un quadro d'insieme alla trattazione visto che il titolo della tesi riguarda proprio l'ipotesi che la stessa violenza della società provochi i DCA.

All'interno della società ci sono dei centri fondamentali che danno altruismo e violenza nella funzione di strutturare la società (famiglia, scuola, mondo del lavoro, Istituzioni Statali eccetera). Di alcuni abbiamo già parlato e abbiamo già introdotto gli elementi caratterizzanti le malattie DCA. Ci manca da affrontarne alcuni, tra cui il più importante, quello dei Media, che raccoglie proprio il titolo di questo paragrafo, in quanto è quello che propaga la Cultura che è presente in una società e che influenza fortemente i comportamenti delle persone.

Ricordiamo che il messaggio dei media, controllati da gruppi economici, politici, religiosi e anche da gruppi di persone della società stessa, veicolano dei messaggi che hanno la funzione di controllo sociale in funzione di promuovere il consumo di determinati prodotti, il comportamento in determinate direzioni, il sostegno di particolari ideologie. Estremizzando, possiamo dire che i media hanno la funzione di fare un lavaggio del cervello con lo scopo di dare un'alterazione percettiva ai soggetti recepenti. Vengono imposti delle volte dei messaggi che portano a dei comportamenti salubri, ma nel contempo servono ad imporre dei comportamenti che sono diversi da quelli dei quali si ha bisogno. Possiamo dire, senza tema di smentita, che entrambi i tipi di messaggio possono essere delle forme di violenza e confondenti, molte volte con la funzione di controllo e di sfruttamento.

Molti dei messaggi che vengono veicolati dai media sono dei "messaggi a doppio legame" che hanno effetto anche confondente con conseguenze sull'autostima delle persone e danno delle disarmonie nella percezione del Sé.

Per quello che concerne l'ambito dei DCA, i messaggi di nostro interesse sono quelli che riguardano il successo sociale, l'aspetto esteriore, le immagini del corpo e del come apparire per essere accettati dagli altri.

Per confutare questi aspetti riportiamo pezzi dell'articolo di Selis e Campus (2015) che ci da nelle varie parti anche la prospettiva dei vari fattori psicosociali rispetto ai mass media :

<<[I DCA] Rappresentano il sintomo di problematiche psicologiche sottostanti che si esprimono in un comportamento alimentare auto-distruttivo e sono il risultato di un'interazione di influenze provenienti dalla società, dalla famiglia e dall'individuo: hanno, dunque, un'origine bio-psico-sociale.

I disturbi del comportamento alimentare (DCA) che colpiscono maggiormente la popolazione femminile occidentale, stanno riscuotendo sempre più interesse, considerata la rapidità con cui il problema si sta diffondendo e l'ampiezza delle fasce di popolazione interessate, con l'esordio sempre più precoce e in alcuni casi ad incidenza tardiva, nonché un aumento dei tassi di mortalità. [...]

Fattori socioculturali. Il nucleo di sofferenza di base è un profondo senso di inadeguatezza. Mara Selvini Palazzoli (1998) parla di "sentire un difetto in se stessa". Una simile angoscia fa sentire impotenti, soverchiati e passivi; attraverso il controllo attivo, centrale nei disturbi dell'alimentazione, si concretizza il malessere generico in qualcosa di ben definito (il corpo, il peso eccessivo, le cosce troppo grosse), con l'effetto antidepressivo immediato consentito dall'esperienza della dieta.

Una tale strategia difensiva è possibile solo in una cultura in cui "magro è bello". L'identificazione ed adattamento ai canoni sociali di magrezza trasmessi dai mass media e dalla pubblicità, che rappresentano i modelli sociali vincenti, svolgono un ruolo cruciale, soprattutto nell'adolescenza. Neumann (1979) sostiene che gli individui si conformano a questi "modelli vincenti" per paura di sentirsi inadeguati e di essere emarginati.

I mass media e la pubblicità producono modelli univoci, mai totalmente realistici: belle donne dalla vita facile (in cui magro è bello), uomini vincenti accompagnati dal successo e nella vita dalle belle donne, in cui la felicità viene raggiunta attraverso questi modelli sociali che, sono così realistici e allo stesso tempo concretamente irraggiungibili. Modelli che se non raggiunti portano al raffronto sociale e a sentimenti di frustrazione, vergogna, senso di inadeguatezza, sensi di colpa, depressione, riduzione dell'autostima, ansia e disadattamento, che possono poi condurre ai DCA.

Queste immagini di vita in cui regna la perfezione rimandata attraverso i media, condizionano le menti, le rendono fragili al di fuori della realtà e dei veri valori importanti, mettendo in discussione punti di riferimento, convinzioni profonde finora acquisite: in questo caso prevale lo sconforto, il disagio e l'inadeguatezza in un mondo che non si conosce più, alla ricerca di quel modello o quella meta sempre più lontana o irraggiungibile. Anche quando questi modelli vengono criticati e rifiutati dagli aspetti razionali della nostra mente, questa si lascia sedurre.> >

Leggendo questi passi sembra di rilevare da parte dei malati di DCA la ricerca di una certezza, di un messaggio chiaro da seguire e così da sollevarli dalla responsabilità della scelta, con il compito da svolgere del mero adeguarsi a delle regole. Chi è prone ad un certo tipo di messaggio, lo raccoglie, soprattutto nei periodi nei quali ha un disagio aumentato, anche se questo fosse un messaggio chiaramente deleterio ed autodistruttivo. La cultura acquisita, in famiglia, a scuola, alle volte poi non è adeguata e questi messaggi mediatici la mettono fortemente in discussione. La cultura non è adeguata perché chi l'ha proposta/imposta magari non aveva interesse a rendere autonoma la persona; ma è un disinteresse che riguarda sia l'ambito famigliare che l'ambito sociale; se entrambi gli ambiti sono carenti è chiaro che il problema si moltiplica.

In un mondo in cui si è soli e in cui non ci si sente supportati, accettati, di cui non si conoscono le dinamiche perché nessuno ha interesse a dircele, oppure perché neppure le figure di riferimento sono in grado di proporle, perché non le conoscono, si è facili prede di chi da delle soluzioni; perché non bisogna dimenticare che anche le figure di riferimento sono e sono state a loro volta succubi e vittime e, nel peggiore dei casi, artefici di quei messaggi che vengono proposti dalla società intera; e alle volte addirittura con messaggi a doppio legame, nelle famiglie e nelle figure di riferimento stesse. Famigliari, ad esempio, che sono vittime di consumismo sfrenato e/o ricerca del successo che impongono il loro modo di vedere sui figli e richiedono da loro determinate prestazioni e azioni per accettarli e dimostrargli una forma di pseudo – affetto. Qui, allora è preponderante il discorso dei messaggi a doppio legame che tanti danni fanno alla psiche in evoluzione dei giovani. In una visione ancora più estrema, soggetti che per avere successo e danaro hanno usato il "grimaldello" della violenza (nelle sue varie forme – i vari fattori psicosociali) che non riescono a cambiare "passo" nell'ambito dei rapporti famigliari e in particolare, in questo caso, nel rapporto con i figli con tutte le conseguenze di cui si sta parlando.

Ancora dallo stesso articolo:

<< Nella cultura occidentale è emerso l'ideale di magrezza anche come simbolo di un progresso nella liberazione delle donne: il corpo femminile magro è antitetico al corpo formoso, rotondo, materno del passato, e sottolinea caratteristiche come l'indipendenza e l'autocontrollo. Un altro fattore sociale è che nella transizione dal vecchio al nuovo le donne oggi sono pressate perché svolgano a tempo pieno il ruolo di mogli e madri, oltre che di lavoratrici indipendenti, con una richiesta sempre più forte di essere "superdonne". Nello strenuo tentativo di "avere tutto ed essere tutto", è possibile che alcune donne sentano di non avere il controllo sulla propria vita e lo cerchino nella dieta e nella forma del proprio corpo.>>

Anche in questo passaggio possiamo leggere delle parole chiave ("pressate", "richiesta" eccetera) che ci fanno capire le influenze sociali che attraverso i fattori psico-sociali diventano in ultima analisi delle forme di violenza. Richieste assurde di successo e di carriera, oltre all'efficienza nella conduzione famigliare, impongono modelli irraggiungibili che alcuni non riescono a gestire se non con soluzioni che portano ad un DCA.

In questo quadro è giusto richiamare il tema della carriera e del successo che travolge anche il genere maschile. Ma se la donna, diventa vittima di una malattia più evidente (bulimia) e alle volte più grave e rischiosa, anche per la vita (anoressia), il genere maschile solitamente ha una patologia correlata che non sempre è così evidente e che non ha effetti nel breve termine: la vigoressia. In questo quadro può essere quindi considerata la risposta speculare alle problematiche anoressiche in quanto che, un disagio assimilabile, provoca nel genere maschile una risposta diversa visto che il modello di bellezza fisica non è la magrezza, ma la prestanza fisica e il vigore atletico. Ci si permette di aggiungere che tutta una fascia di popolazione è pervasa da quella che si potrebbe definire una **vigoressia socio-economica** dove per essere accettati, per evitare derisioni, per essere sicuri di appartenere al gruppo bisogna dimostrare di avere successo, avere una bella macchina, una moto, una bella moglie, dei figli bravi a scuola eccetera.

Proseguendo dallo stesso articolo:

< <u>Fattori familiari</u>. La famiglia influisce nello sviluppo dei disturbi alimentari fornendo i valori, gli atteggiamenti e i comportamenti che vengono modellati e rinforzati.

Un primo fattore, che si riscontra spesso, è la mancanza di comunicazione autentica delle emozioni. Raramente queste famiglie incoraggiano e modellano l'espressione diretta e aperta delle emozioni, perché i genitori non hanno imparato a loro volta dai propri genitori come esprimere i sentimenti in maniera adeguata.

L'assenza di spazi per l'espressione diretta delle emozioni ne comporta un accumulo che le rende ingestibili, travolgenti e incontrollabili; così il componente familiare con DCA si rivolge al cibo e alla gestione del proprio corpo per distrarsi dalla gestione emotiva.

Un altro fattore è la grande importanza che i familiari danno alla dieta, al cibo, al peso o alla bellezza fisica, con discorsi ricorrenti e/o con esempi comportamentali personali. E i figli, per rispondere alle aspettative altrui, si adeguano a questi "valori".

Anche la "sindrome della brava ragazza" influisce sullo sviluppo dei disturbi alimentari: essere sempre una brava ragazza, accondiscendente verso tutto ciò che i genitori desiderano, significa mettere da parte i propri bisogni personali, il che crea sentimenti di frustrazione e depressione. I sintomi alimentari forniscono uno sfogo indiretto a questi sentimenti. >>

Come già si diceva prima le famiglie sono dei centri sociali che possono creare l'inizio del problema. Sono le stesse figure di riferimento famigliari che sono state vittime precedentemente del messaggio mediatico e quindi non hanno sviluppato delle personalità in grado di dare gli elementi per affrontare la società e la sua violenza. Sono le stesse figure di riferimento che fanno da grancassa al modello imposto dai media e dalla pubblicità. I vari modelli famigliari (famiglia perfetta, famiglia iperprotettiva, famiglia caotica eccetera), riportati nello stesso articolo per descrivere gli ambienti dove si possono creare le basi dei DCA, rappresentano semplicemente le carenze di messaggi e di cultura che possono dare, creando, su quei soggetti sensibili, risposte che possono portare a diversi tipi di problematiche.

Sempre lo stesso articolo ci da un'ulteriore spunto di ragionamento:

<< Fattori individuali. Alla base dei disturbi alimentari vi è un'insoddisfazione profonda e generica, definibile anche come bassa autostima, che viene più facilmente individuata e controllata dandone una concretizzazione legata all'aspetto fisico.

Un altro aspetto di personalità caratteristico è un deficit di consapevolezza, cioè l'incapacità di identificare accuratamente e di rispondere alle emozioni: in famiglia non c'è stato un modellamento a riconoscere e ad esprimere le proprie emozioni e sensazioni, e questo porta a un esagerato autocontrollo e rigidità finalizzati a soddisfare le aspettative altrui. Caratteristico è, infatti, il bisogno di approvazione/dipendenza: un momentaneo senso di autostima deriva dall'essere approvata dagli altri.

Da qui derivano il perfezionismo e la compulsività: il non riuscire a raggiungere la perfezione porta alla paura di non essere approvati dagli altri e a rafforzare la scarsa stima di sé, nonché ad evitare le situazioni che non possono essere gestite in modo perfetto. Ciò porta a sviluppare la necessità di controllare rigidamente e totalmente alcuni aspetti della propria vita, quali l'alimentazione e il corpo.

Legato al perfezionismo è anche il pensiero "tutto o nulla", bianco o nero, magro o grasso, bello o brutto. Questo pensiero è molto rilevante nel comportamento restrittivo dell'anoressica o nell'abbuffata della bulimica e dell'obesa.

Anche la scarsa tolleranza all'ansia e alla frustrazione sono tipiche; la persona trova difficile ritardare la gratificazione: tipicamente desidera essere magra, ma non solo, desidera essere magra adesso. Ciò spiega la drastica riduzione dell'alimentazione e i comportamenti compensatori all'abbuffata.

Vi è, infine, la difficoltà a prendere decisioni: non solo non sono state abituate a farlo, ma facendo dipendere la loro autostima dal giudizio degli altri, spesso non decidono nulla. E attuano un comportamento compensatorio all'ansia o con le abbuffate (scaricamento della tensione) o con il comportamento restrittivo (controllo totale e negazione dell'ansia).>>.

In questa ultima parte riusciamo anche ad individuare che c'è una difficoltà a capire come gestire gli input esterni con le pulsioni interne. Le reazioni dovrebbero essere commisurate alle azioni subite. E questo in questi soggetti manca, per varie ragioni, sia a seguito dei traumi subiti che per mancanza dell'insegnamento necessario che una società così complessa comporta. C'è quindi l'incapacità di saper modulare le risposte in base alla violenza che si subisce nella società, fino al punto di evitare ogni forma di rischio di conflitto e di situazione sgradita.

Ma quali sono i messaggi che i media propongono e quando li propongono? Sono sempre gli stessi o sono mutevoli con i periodi storici? I media propongono tutti lo stesso messaggio od ognuno propone il suo seguendo un progetto caratteristico?

Alcune risposte le troviamo nell'articolo di Gaudio (2015):

<<[...] Tuttavia, l'ideale estetico non è un criterio assoluto, immutabile, universale, ovvero riconosciuto valido in tutti i tempi ed in tutti i luoghi, viceversa rappresenta una costruzione socioculturale, in quanto si genera e si modifica

74

continuamente nell'alveo della società e della cultura entro cui si colloca; in virtù di ciò, un ideale estetico è destinato a mutare in relazione al trasformarsi delle mode, dei costumi e delle consuetudini sociali e culturali.>>.

Il modello estetico imposto-proposto cambia continuamente anche in modo isterico. E questi ragazzi si adeguano al modello invece di controllarlo o di imporne uno loro. Già lo si era esposto quando si è trattato il discorso dello Sport in quanto c'è bisogno di un corpo per la prestazione atletica e un corpo per la vita sociale che non sempre combaciano, anzi, per alcuni Sport proprio stonano.

Questo articolo riporta anche come il modello estetico è più volte mutato negli anni. Un modello al quale i soggetti più proni a questi aspetti cercano di adeguarvisi a seconda delle epoche storiche e del periodo di vita. Il problema sta nel fatto che c'è un continuo cambiamento e mutamento, anche nel giro di pochi mesi, di ciò a cui i giovani devono assomigliare. E ogni gruppo di interesse propone il suo, modificandolo continuamente per adeguare il marketing che sta alla base, per riuscire a catturare la loro fetta della popolazione da sfruttare a fini economici e sociali.

Quindi il messaggio dei media è un messaggio isterico, nevrotizzante, ondivago, che pervade la società e che cambia di stagione in stagione, quindi in pochi mesi. E' un messaggio che cambia con le mode, con i territori, anche repentinamente: una stagione bisogna essere magri, l'altra bisogna essere "juicy", un mese bisogna essere abbronzati e poi passa il modello della pelle candida eccetera.

Sempre dallo stesso articolo:

<<[...] Inoltre, le immagini autentiche delle modelle vengono spesso marcatamente modificate mediante un astuto foto-ritocco al fine di renderle ancora maggiormente conformi all'ideale di 'perfezione' propagandato.

L'ideale di magrezza eccessiva non è presentato dai media come irraggiungibile e pericoloso, non viene, infatti, esplicitato il 'segreto' che si cela dietro quei corpi stereotipati, non viene svelato l'esercizio fisico eccessivo e le restrizioni alimentari patologiche a cui le modelle si sottopongono quotidianamente, né le astute operazioni di trucco e di fotomontaggio che costruiscono l'artificiosa immagine finale. I media, viceversa, illudono le donne che sia possibile mediante diete ed esercizio fisico raggiungere e mantenere facilmente l'ideale da loro imposto, in ogni caso. Viceversa risulta ormai scientificamente riconosciuto come il set-point fisiologico di ciascun individuo è solo parzialmente modificabile. In tale direzione il feroce conflitto tra i messaggi ossessivi dei mass-media e la realtà del proprio corpo ha condotto inevitabilmente sempre più donne all'insoddisfazione ed al disprezzo verso la propria immagine corporea.

Durante gli anni '90-2000 nei messaggi dei media si cela non solo un pericoloso imbroglio, ma anche un ricatto psicologico in cui viene proclamata la necessità di aderire a quel prototipo al fine di riuscire ad ottenere successo e apprezzamento sociale.>>.

Viene fatta una doppia violenza in questo caso: - Sulle modelle che per rientrare in determinati canoni fisici sono costrette a situazioni difficili e alle volte con consumo anche di droghe; - Sulle persone che guardano quei corpi, sia maschi che femmine. Perché poi la risposta può essere non solo nel verso di un'anoressia ma anche di ben altre problematiche e patologie, che vanno a coinvolgere, potenzialmente, la totalità della popolazione.

E' un messaggio fraudolento e violento quello che è normalmente veicolato e dal quale è difficile difendersi. Ci troviamo in una situazione di violenza psicosociale, accettata, normalizzata, come del resto deve essere la violenza presente nella società. E la cosa che aggrava il tutto è l'assenza di una rete sociale, o che comunque va riducendosi. Quindi da un lato la violenza diventa sempre più raffinata e dall'altro la società ha perso una parte delle sue reti di salvaguardia e di aiuto alla popolazione.

E questo messaggio è molto spesso indirizzato alle fasce più deboli e più a rischio della popolazione e cioè i giovani. A tal proposito riportiamo parti dell'articolo di Oppedisano (2015):

<< Le fasce più giovani sono particolarmente vulnerabili alle immagini mediatiche oggettivizzanti. In particolare, gli adolescenti sono impegnati in un delicato processo di costruzione della propria identità di genere, in cui il corpo gioca un ruolo importante. La percezione del proprio corpo è strettamente legata all'autostima. Sono infatti proprio le ragazze con una bassa autostima ad essere più colpite dal fenomeno dell'oggettivazione (Tolman et al., 2006).

Secondo Nolen-Hoeksema e Girgus, le ragazze sono più esposte al rischio di sviluppare disturbi psicologici a causa delle loro caratteristiche di personalità che le distinguono dai ragazzi quali un maggior orientamento sociale, una minore strumentalità e una minore aggressività. Per queste caratteristiche, le ragazze esposte a modelli estetici perfezionistici imparano che il corpo non è il loro e che il criterio di valutazione del loro valore è l'aspetto estetico (Volpato, 2011). L'interiorizzazione della prospettiva dell'altro porta a conseguenze anche sul piano delle prestazioni cognitive e fisiche, incidendo sui risultati scolastici e l'affermazione professionale.

I ragazzi sono particolarmente vulnerabili all'esposizione a questo tipo di immagini, non solo a motivo della particolare fase evolutiva che stanno attraversando, ma anche a causa della quantità di televisione con cui sono a contatto fin da giovanissimi. Molte ricerche hanno provato il legame fra esposizione ai media, preoccupazioni per il proprio aspetto e disordini alimentari (Grabe et al, 2008). Anche la frequenza di fruizione di riviste di moda è correlata coi disturbi alimentari e la diminuzione dell'esposizione alle riviste ed ai programmi televisivi riduce il rischio di disturbo alimentare.

Uno studio che mostra l'importanza dei media nella costruzione dell'immagine del corpo degli adolescenti è quello condotto da Becker (2004) alle isole Fiji. La ricercatrice ha trovato che i disturbi alimentari e le preoccupazioni per il proprio aspetto fisico hanno fatto la loro comparsa con l'avvento della televisione.

Sono bastati tre anni per cambiare gli standard della cultura tradizionale che prediligeva fisici morbidi e fondava l'identità dei suoi attori sociali sul ruolo che essi svolgevano all'interno della comunità e della famiglia. Bisogna sottolineare però che per queste ragazze l'esigenza di rimodellare il proprio corpo aveva come fine quello di massimizzare le opportunità sociali ed economiche. Risulta dunque prematuro affermare che la relazione fra l'avvento dei media e l'aumento dei disturbi alimentari rifletta esattamente il legame che vige fra questi due fattori nella società occidentale.>>.

Per il caso davvero interessante delle ragazze delle isole Fiji, si potrebbe asserire che questo cambiamento delle abitudini alimentari e lo sviluppo della malattia, rientri piuttosto nello stesso sedime di essere come ci viene richiesto dagli altri. Una forma di violenza in qualche grado. Il DCA subentra quando c'è confusione sulla direzione da prendere e/o sull'ansia del giudizio che può arrivare dagli altri per come si è e se non si risponde ai canoni desiderati. Ma quest'ansia deriva dalla paura di non essere accettati? Dalla paura assurda di ciò che potrebbe accadere dopo? Dalla paura di una presa in giro? Dalla paura di una violenza psicologica e/o fisica? Dall'esigenza di essere amati? Dalla paura della derisione?

Le richieste che vengono da parte degli altri, di essere ed apparire in determinati modi, sono sempre esistite e sono forme di controllo che risiedono con la specie umana; con l'evoluzione della società le richieste di adeguare le caratteristiche esteriori del corpo per essere accettati dagli altri, per il loro uso e consumo, si sono soltanto accentuate perché veicolate e proposte dai mezzi di comunicazione; queste non possono nient'altro che essere considerate come forme di violenza di tipo psicologico, magari blande, ma dalla forza penetrante e che in genere sono difficili da controbattere, figuriamoci da parte di soggetti con problematiche di vario genere e con un'immaturità di base, sia educativa che evolutiva, come lo sono i giovani, i giovani-adulti e adulti che hanno degli aspetti della personalità non completamente sviluppati.

6.8 - Lavoro e carriera

Il luogo di lavoro è un altro dei centri sociali dove si è maggiormente sottoposti a fattori psicosociali, anzi, per quel riguarda lo studio di questa fattori, la letteratura possiede tantissimi dati a riguardo. Per quel che concerne lo sviluppo di DCA, a seguito dello stress e ai traumi di tipo lavorativo, in realtà non ci sono molti dati, anche perché dobbiamo considerare che la maggior parte degli ammalati li subisce molto prima che il disturbo si manifesti. Rimane il fatto che con gli anni l'età del manifestarsi della malattia si è alzato, presumibilmente anche a seguito degli stress subiti, sul luogo di lavoro, dai lavoratori.

Comunque, non è interesse di questo libro fare un'analisi statistica dei casi di DCA derivante da stress lavorativo, ma è importante individuare e sottolineare che potenzialmente il luogo di lavoro può portare dei fattori psicosociali.

L'aspetto che forse più interessa, invece, è andare a valutare il periodo di vita giusto precedente all'ingresso nel mondo del lavoro, per capire se stimola o pone le basi per lo sviluppo di un DCA. Si analizza quindi una fascia di età che statisticamente ha una maggiore incidenza di queste problematiche.

Si valuta quindi se la scelta di una carriera lavorativa e il processo formativo che sta alla base, possano essere fattori scatenanti e stimolanti la malattia.

Ci aiutiamo con questo passaggio dell'articolo di Garner e Garfinkel (1980):

<<Viene studiata una popolazione di danzatrici professioniste e di studentesse modelle, le quali per scelta di carriera devono concentrarsi sull'aumentata attenzione e sul controllo della loro forma corporea. […] I dati suggeriscono che sia la pressione ad essere snelle che l'aspettativa di realizzazione sono fattori di rischio nello sviluppo della anoressia nervosa.>>.

L'articolo è molto lungo e anche un po' datato ma quello che ci interessa è sottolineare che la scelta di una carriera e di un lavoro possono già porre le basi per delle problematiche. Certamente, questi presentati nell'articolo sono dei lavori particolari, ma possono fungere da buon esempio per ciò che si vuole dire. Infatti, non è già una violenza indiretta della società, forzare delle persone a scegliere delle carriere di un certo tipo? E non è già un decadimento cognitivo rinunciare al proprio benessere per fare carriera?

Una prospettiva particolare che si vuole far risaltare è il perché si voglia o si debba fare una carriera. Intanto, siamo inseriti tutti in una struttura competitiva, dove gli ultimi e chi non ce la fa a tenere il passo, comunque viene abbandonato e lasciato indietro. C'è quindi la necessità di darsi da fare e di mettere in campo le proprie capacità per trovare una propria collocazione nella società e garantirsi, chi la sopravvivenza e chi invece, all'opposto della scala sociale, successo e benessere.

Ma l'analisi non si ferma qui, perché avere una carriera è qualcosa che va oltre il vivere o il sopravvivere e mette un'ulteriore stress alla vita, con tutte le conseguenze del caso. La scelta di dover fare carriera nasce perché si cerca di rimanere nell'ambiente a cui si appartiene o crediamo di appartenere (per estrazione sociale o per ricchezza). Altre volte invece si sceglie una carriera perché sono altri che ce lo chiedono: ad esempio la famiglia, ma anche le influenze culturali e dei media. Si è quindi inseriti, chi più chi meno, in una "guerra" che può durare anni, in cui siamo sottoposti a parecchie prove e dove può essere richiesto di fare anche violenza, sia per sopravvivere che per superare gli altri.

Introduciamo un esempio dove, la scelta di carriera, deciso a livello universitario, svela anche ulteriori problematiche e ci serviamo dell'articolo di Grammatikopoulou e al. (2018):

<< Gli studenti delle Scienze della Salute e in particolare quelli di Nutrizione e Dietetica, hanno mostrato di esibire un'aumentata prevalenza di alimentazione disordinata. L'obiettivo di questo studio trasversale era di valutare i disturbi alimentari non altrimenti specificati (OSFED), includendo il mangiare legato allo stress, la dipendenza da cibo e l'ortoressia, in relazione all'assunzione dietetica, tra gli studenti di nutrizione e dietetica.

Tra gli studenti partecipanti il 4,5% aveva una dipendenza da cibo e il 68,2% dimostrava anoressia. Nessuna differenza fu osservata tra uomini e donne, concernente la prevalenza di dipendenza da cibo e ortoressia. [...]

Lo studio mostra che nonostante gli interventi suggeriti, il problema degli OSFED tra gli studenti di nutrizione e dietetica è ancora valido. Controlli regolari, consulenza psicologica e istruzione sono necessari per ridurne la prevalenza.>>

Come primo punto possiamo dire che questi studenti sono sottoposti ad evidenti stress. Ma lo stress più forte, che potrebbe definirsi una violenza culturale, è il fatto che la materia stessa di studio è basata su una montagna di informazioni che vanno in una determinata direzione e cioè che sottolineano che il cibo può essere fonte di malattia. Informazioni che questi studenti non sembrano sempre in grado di gestire in maniera salubre.

L'altro punto che va sottolineato è che in questo articolo ci suggerisce di seguire gli studenti con controlli, consulenze psicologiche e istruzione. Questo sembra un controsenso se sono questi stessi studenti che a fine percorso scolastico universitari sarebbero coloro che dovrebbero dare le direttive nutrizionali alla popolazione e ai soggetti con patologie, di tutti i tipi, legati al cibo e all'alimentazione. Cosa si dovrebbe mai insegnare di più a queste persone? Già il fatto che queste persone sono travolte da mille informazioni (alle volte sbagliate o eccessive), che non riescono nemmeno a gestire, ed è questo che provoca la malattia, la dice lunga su chi saranno i futuri promotori della salute alimentare. Oltre al fatto che alcuni potrebbero aver scelto questi corsi di laurea per un trauma già pregresso.

In questo paragrafo si sono quindi valutati due casi estremi di scelta carrieristica (ballerine e studenti del settore dietetico) che possono portare ai DCA; ma consideriamo tutte le fatiche che portano gli studi fatti, in qualsiasi settore, per seguire una carriera e le fatiche di accomodamento sui desideri altrui e sull'esigenza di prestazione, quali violenze possono provocare, anche in termini di stress e frustrazioni e di aumentata possibilità di sviluppare un DCA.

7. TRAUMI, ABUSI, PTSD, COMORBIDITA' E VITTIMIZZAZIONE

Questo capitolo ha un carattere un po' riassuntivo di quelli precedenti per dare una visione d'insieme dei vari aspetti trattati fin'ora.

I traumi non sono tutti uguali e neppure gli effetti. Ci sono traumi molto gravi che comunque provocano dei disturbi psichiatrici, tra cui i DCA, e traumi più blandi che ad alcuni soggetti fanno sviluppare il disturbo mentre ad altri no.

A seguito di un trauma si può sviluppare un PTSD con vari tipi di conseguenze sul soggetto (cognitive, sociali, alimentari eccetera) e il rischio di vittimizzazione. Inoltre, proprio per le caratteristiche del disturbo alimentare, è sempre molto presente la comorbidità.

Analizziamo tutti questi aspetti con l'aiuto di parti dell'articolo di Brewerton (2007):

<<L'ABUSO SESSUALE INFANTILE E' UN FATTORE DI RISCHIO NON SPECIFICO PER I DCA. I primi studi nel campo dei DCA si concentrarono sul ruolo

dell'abuso sessuale infantile, che è una specifica a particolarmente maligna forma di trauma. A questo punto è stato chiaramente stabilito che l'abuso sessuale infantile è un significativo benché non specifico fattore di rischio per i DCA. Questa non specificità significa semplicemente che l'abuso sessuale infantile è anche un rischio per altri disturbi psichiatrici. Queste scoperte sono state estensivamente esaminate altrove. […] l'abuso sessuale infantile è infatti un fattore di rischio per i DCA, particolarmente Bulimia Nervosa e quei soggetti con sintomi bulimici. […] uno studio longitudinale su un periodo di 18 anni trovò che l'abuso sessuale è un importante predittore di BN e altri disordini bulimici. Questo tipo di risultati portarono i ricercatori a esaminare l'ospite di altri tipi di trauma o abbandono.>>.

La violenza sui bambini è una cosa talmente brutta e pesante che anche chi non ha una genetica particolarmente predisposta per qualcuno dei problemi psicologici possibili, se subisce una violenza sessuale, è molto probabile che ne sviluppi uno. Quindi tra tutti i disturbi mentali, ci sono anche i DCA che vengono innescati. Ed essendo un trauma enorme, anche chi avrebbe poca tendenza genetica a sviluppare patologie psichiatriche, alla fine le può sviluppare. Inoltre va valutato il fatto della giovane età del soggetto e il fatto fondamentale che il cervello non ha ancora concluso il suo sviluppo, così da rendere ancora più pericoloso e più ampio, nei suoi effetti, questo trauma.

Come si diceva, i traumi possono essere di vario tipo e anche altri, oltre all'abuso infantile, possono portare allo sviluppo dei DCA, magari però su una genetica più specifica. Lo stesso articolo in un altro passaggio ci da questa conferma:

<<LO SPETTRO DEL TRAUMA E' STATO ESTESO OLTRE L'ABUSO SESSUALE INFANTILE. Lo spettro delle esperienze traumatiche associate con i disturbi del comportamento alimentare, sono state estese dall'abuso sessuale infantile a molte altre forme di vittimizzazione, trauma e abbandono, includendo, ma non limitando, alla violenza sessuale (stupro e molestie) durante l'età adulta, molestie sessuali, abuso fisico e aggressione, abuso emozionale, trascuratezza emotiva e fisica (inclusa la deprivazione da cibo), la provocazione e il bullismo. Collettivamente questi dati suggeriscono che essenzialmente ogni esperienza che può produrre PTSD, parziale PTSD, o qualsiasi forma di ansietà clinicamente significante può aumentare la probabilità di sviluppare un DCA.

IL TRAUMA E' PIU' COMUNE NEI SOGGETTI BULIMICI COMPARATI AGLI ALTRI DCA. La preponderanza delle prove suggerisce che le storie di trauma sono molto più comunemente associate con la BN, con la Anoressia Nervosa tipo "abbuffata-purga" e i Disturbi del Comportamento alimentare Non altrimenti specificati caratterizzati da sintomi bulimici, tali quali il Binge Eating Disorder (BED – disordine della alimentazione compulsiva) o il "disturbo purgante", piuttosto che con una AN di tipo restrittivo.

I RISULTATI CHE COLLEGANO IL TRAUMA CON I DCA NEGLI ADULTI SONO STATI ESTESI AI BAMBINI E AGLI ADOLESCENTI CON DCA. Una volta stabiliti come fattori di rischio per i DCA nelle donne adulte, altri studi sono emersi a dimostrare risultati simili per bambini e adolescenti con DCA […]. In aggiunta, la relazione tra trauma e i comportamenti "abbuffata-purga" hanno anche dimostrato di persistere nei bambini abusati sessualmente, passato molto tempo dall'abuso.

In uno studio comparativo controllato […]. I partecipanti che erano stati abusati avevano tassi più alti di insoddisfazione del peso, riportano di più spesso l'essere a dieta e comportamenti compensatori purganti, mangiano significativamente meno quando alterati emotivamente, erano più probabili a desiderare tipi di corpi più magri ed erano meno probabili a esibire meno tendenze perfezionistiche che le ragazze del controllo. Questi risultati suggeriscono che l'abuso sessuale tende a predisporre le bambine e gli adolescenti a sintomi collegati ai DCA.

Le esperienze traumatiche possono anche estendersi al periodo di vita prenatale e perinatale. Gli studi che esaminano l'impatto di complicazioni durante la gestazione e il periodo perinatale sullo sviluppo di sintomi DCA durante la adolescenza sono scarsi e degni di menzione. Si può sostenere che traumi intrauterini o perinatali possono essere i primissimi eventi psicologici che potenzialmente influenzano lo sviluppo di DCA. [...].>>

Quindi qua si conferma che ci sono diversi tipi di traumi, che avvengono in diversi momenti della vita, con conseguenze differenti. Ma comunque, gli effetti ci possono essere più o meno evidenti con il mantenimento di un PTSD molto a lungo nella vita, soprattutto da chi ha subito violenze e traumi in giovane età. E c'è la possibilità di una vittimizzazione e di comorbidità psichiatrica.

Inoltre queste problematiche non si limitano al sesso femminile come possiamo rilevare da un altro passaggio dello stesso articolo:

<<I RISULTATI CHE LEGANO IL TRAUMA CON I DCA SONO STATI ESTESI AI RAGAZZI E AGLI UOMINI CON DCA. Sono emersi dati che supportano l'associazione tra

DCA, vittimizzazione e comorbidità psichiatrica in maschi, sia uomini che ragazzi. [...] relazioni familiari ostili di lungo periodo, soprattutto legate con l'abuso fisico, sembrano aumentare il rischio per i DCA negli uomini. Grilo e Masheb (2001) trovarono che malati ambulatoriali con BED riportarono una vasta gamma di esperienze traumatiche dell'infanzia che non differivano da genere o stato di obesità. Abuso emotivo prioritario fu associato con maggiore insoddisfazione corporea, depressione e bassa autostima in entrambe donne e uomini, mentre l'abuso sessuale fu associato con maggiore insoddisfazione corporea negli uomini.

Mitchell and Mazzeo (2005) riportarono che abuso fisico e la trascuratezza fisica erano associati con alimentazione disordinata in un gruppo di 168 studenti universitari.

[Uno studio] ha riportato che adolescenti maschi ospedalizzati con PTSD erano più probabili di avere comorbidità DCA, disturbi d'ansia e somatizzazione. [Un altro studio] ha riportato più alti tassi di alimentazione disordinata tra ragazzi e ragazze che riportarono abuso fisico o sessuale comparati a quelli che non riportarono abuso. In aggiunta, nel gruppo che ha subito abusi, c'erano bassi livelli di comunicazione famigliare, cura genitoriale e aspettative. Queste relazioni tra trauma e alimentazione disordinata rimanevano anche dopo il controllo delle differenze in fattori psicosociali e famigliari. [...]>>.

Va sottolineato come poi i maschi magari sviluppino altri tipi di patologie psichiatriche più legate all'aspetto corporeo, più relazionato al loro al sesso e quindi alle sue dimensioni e prestazioni.

Valutiamo ora il problema della vittimizzazione con quest'altro passaggio dell'articolo:

<<EPISODI MULTIPLI O FORME DI TRAUMA SONO ASSOCIATE CON I DCA. Una serie di casi hanno concluso che i disordini bulimici sono legati agli episodi multipli o forme di abuso. In uno studio [...] donne con Bulimia Nervosa riportavano più alti livelli di abusi sessuali infantili, abuso fisico infantile e abuso combinato sessuale/fisico infantile in comparazione con donne senza DCA. Le donne bulimiche hanno più psicopatologie delle donne non bulimiche e c'era un'associazione tra la gravità della psicopatologia per comorbidità e la gravità del trauma. Dissociazione e sottomissione erano anche legate alla gravità dell'abuso precedente. L'abuso che capita durante l'età adulta, era quasi sempre preceduto dal precedente abuso dell'infanzia. Solo una (6,7%) delle 15 donne bulimiche che hanno riportato abusi durante la vita adulta non riporta qualche forma di precedente

abuso infantile. Questi risultati suggeriscono una associazione tra certi tratti psicopatologici e la probabilità di multipli episodi o tipi di abuso. […] Questi dati confermano anche legami tra esperienze di abuso sessuale e comorbidità psichiatrica come il suicidio, che sono spesso associati con la sintomatologia bulimica. […]>>

Qui traspare anche un problema piuttosto importante su chi ha subito abusi e il rischio di subirne ancora e cioè la vittimizzazione e la sottomissione. Chi ha subito abusi e violenze, soprattutto in giovane età, acquisisce un atteggiamento comportamentale di sottomissione e di vittimizzazione che porta il soggetto a potersi trovare ancora nelle condizione di subire dei traumi e delle violenze perché non sa affrontare le situazioni, perché non le ha mai superate. Chi si fa abusare, anche in età adulta, è perché non si sa difendere o non è in grado di difendersi. Alle volte, soprattutto in età adulta, sono atteggiamenti del soggetto che gli altri "rilevano" e sfruttano portando a subire ulteriori abusi, anche perché molti poi se ne approfittano. Un bambino chiaramente non ha tutti gli elementi culturali, neuronali e fisici per contrastare la violenza che potrebbe subire e quindi può andare incontro ad un trauma con le possibili conseguenze di cui si è parlato. Ma anche l'adulto, che non ha mai risolto determinati conflitti interiori, che non ha sviluppato completamente la personalità, che ha subito un blocco a causa di abusi, violenze e traumi, è soggetto ad essere ulteriormente vittima della violenza della società e delle singole persone.

Dalla successiva parte dell'articolo possiamo rilevare come a stesso tipo di abuso, non corrisponda necessariamente lo stesso tipo di DCA e soprattutto la stessa gravità, molto probabilmente per una ragione di tipo genetico, perché la risposta sarà diversa da soggetto a soggetto:

<<IL TRAUMA NON E' ASSOCIATO NECESSARIAMENTE CON UNA MAGGIORE GRAVITA' DEI DCA. La recensione completa di Wonderlich (1997) trovò che una storia di abuso sessuale infantile non era associato con una maggiore gravità del DCA quando misurato dalla frequenza dei sintomi di DCA. Questi risultati sono stati ritrovati in studi più recenti sul trauma nei DCA. Certe caratterizzazioni psicopatologiche, comunque, furono trovate essere più elevate nei pazienti abusati rispetto a quelli non abusati, come valori più alti sulla sfiducia interpersonale e consapevolezza interocettiva dei punteggi sub scala sull'Eating Disorder Inventory (Matsunaga e altri, 1999). [...]

IL TRAUMA E' ASSOCIATO CON UNA PIU' GRANDE COMORBIDITA' (INCLUSO IL PTSD) IN

SOGGETTI CON DCA. [...] Questo spettro dei disturbi trauma-correlati include disordini quali quello alimentare, quello affettivo, quello ansioso, quello di uso di sostanze, quello dissociativo, quello somatoforme, quello del controllo degli impulsi, e quello dirompente [...] e molte delle maggiori cause di morte e disabilità [...]. Evidenze crescenti confermano le potenti basi psicobiologiche del trauma su molti sistemi in sviluppo, includendo il sistema nervoso centrale e autonomo, tanto quanto i sistemi endocrino, immunitario e cardiovascolare.

Una delle consistenti scoperte in letteratura è che la storia del trauma in pazienti con DCA tende ad essere associata con significativa comorbidità psichiatrica (Dohm et al., 2002; Wonderlich et al., 1997). Questo è vero specialmente quando c'è un PTSD in atto o nella storia della vita di quella persona [...]. Per converso, la presenza di comorbidità psichiatrica durante la vita è fortemente associata con la storia di PTSD durante la vita.

[...] Questi risultati suggeriscono che è il PTSD, piuttosto che la storia di abuso di per sé, che meglio predice l'insorgenza della BN. In aggiunta, PTSD predice comorbidità con depressione maggiore e l'abuso di alcol/dipendenza da sostanze in congiunzione con la BN.

Nel National Women's Study, furono pure trovati, legami tra trauma, sintomi dissociativi e BN. I soggetti con BN riportarono significativamente più "dimenticanze" di eventi traumatici (27%) rispetto ai soggetti BED (12%) o ai soggetti non DCA (11%). In una regressione lineare multipla, "il dimenticare" prediceva fortemente la presenza di una storia nella vita di PTSD, stupro infantile, depressione maggiore, molestie, problemi emotivi in famiglia, abuso di lassativi, un maggior numero di esperienze di vittimizzazione, età più giovane e atti di vomito.

Altri studi, hanno anche indicato che la presenza di dissociazione, predice fortemente comorbidità psichiatrica. Basato su questi risultati, è stato postulato che il comportamento di purificazione, come il vomito e l'abuso lassativo, piuttosto che il mangiare compulsivo di per sé, sono comportamenti disadattivi legati al PTSD e al disturbo depressivo maggiore (MDD), e che promuovono l'evitamento, lo smarrimento e l'intorpidimento emotivo e l'amnesia per i dolorosi ricordi traumatici. Di sicuro non tutti i pazienti con DCA sono stati vittimizzati. Comunque, i dati dal National women's Study suggeriscono che la maggioranza dei soggetti bulimici lo sono stati. […]

In un campione clinico di pazienti BN recuperati, pazienti abusati mostrarono un trend verso più frequenti diagnosi durante la vita di PTSD e dipendenza da sostanze comparati con i soggetti che non hanno subito abusi [...]. [Un altro studio] riporta che adolescenti maschi ospedalizzati con PTSD avevano più probabilità di avere comorbidità di DCA così come altri disturbi d'ansia e somatizzazione. [...] Donne che riportavano traumi sessuali erano significativamente più probabili a esibire psicopatologie che i controlli, includendo anche più alti tassi sia di PTSD che di DCA.[...]>>

Questa parte dell'articolo è davvero eccezionale in quanto esprime tutto quanto può comportare il trauma richiamando anche l'alterazione dell'espressione genica e quindi l'effetto epigenetico del trauma. Definire e sottolineare che questi abusi possano avvenire sui vari sistemi corporei che sono in fase di sviluppo ha una importanza chiave ed è una chiave di lettura anche per capire la gravità delle malattie che ne conseguono. In questo quadro la valutazione del PTSD diventa interessante in quanto non tutti rispondiamo nella stessa maniera e abbiamo una base genetica diversa e quindi, come detto nell'articolo, è più giusto valutare il PTSD che ne deriva piuttosto che il tipo di violenza, abuso o trauma subito. E quindi un maggiore PTSD presente, potrebbe fornire indicazioni per una maggiore gravità del DCA.

Si propone che il PTSD ci dia quasi una scala dell'effetto del trauma sul soggetto. Se alcuni soggetti non riferiscono abusi e violenze ma hanno lo stesso sviluppato un DCA, potrebbe anche essere che la soglia fenotipica per quei soggetti sia molto bassa e quindi anche delle condizioni che per altri non possono essere definite traumatiche, per loro lo sono invece state; oppure semplicemente questi soggetti potrebbero aver avuto dei traumi prenatali e perinatali che non riguardano una violenza, ma magari piuttosto delle problematiche ambientali o meteorologiche, non riportate o sconosciute allo stesso soggetto.

Legato al trauma ci sono anche gli stati dissociativi, dei quali fino ad ora abbiamo parlato poco, ma che sono importanti in quanto sono una possibile risposta del soggetto traumatizzato. Si riporta quest'ultimo passaggio dell'articolo che ci da, prima un'ulteriore risposta che ha il soggetto che non riesce a mettere in atto questa dissociazione, e poi, ce la presenta in un quadro di interesse:

<<Un esempio è l'ipotesi che comportamenti bulimici, come il vomito servono per facilitare l'intorpidimento e l'evitamento dei ricordi, dei sogni, dei sentimenti, dei pensieri e dei comportamenti legati al trauma così come per ridurre l'ipereccitazione associata. Nella misura in cui questa ipotesi è stata avallata dal paziente e dai suoi processi, questo quindi spiana la via per strategie adattive di coping che più

efficacemente vengono a capo delle più profonde problematiche senza le conseguenze negative. [...]

AVVERTENZE [...] Alle volte i pazienti non si sentono sufficientemente sicuri nello svelare abusi significativi finché non sono ben dentro nel processo terapeutico, così, periodiche rivalutazioni del della storia del trauma e del PTSD possono essere fruttuose.

PTSD ritardati possono capitare e una volta che la riabilitazione nutrizionale avviene, i pazienti possono ricordare eventi traumatici delle loro vite che loro hanno precedentemente dimenticato. Alle volte i pazienti nemmeno si rendono conto del fatto che sono stati abusati, finché le definizioni di abuso e trascuratezza/abbandono non gli vengono spiegate. Una volta che la loro struttura cognitiva è alterata di modo che ora possono percepire che l'esperienza passata era abusiva, i sintomi di PTSD ritardato possono manifestarsi. Non infrequentemente, memorie dissociative di abuso possono emergere spontaneamente una volta che la riabilitazione nutrizionale avviene e queste rivelazioni di solito avvengono al di fuori della sessione terapica. [...]>>.

Di quest'ultimo passaggio interessa sottolineare che alle volte i soggetti non individuano che sono stati vittime di violenza. E non si crede che questo sia un fatto dissociativo. Per l'analisi che si vuole fare e per l'impronta che si è data alla tesi, si propone che la violenza è talmente diffusa e "normalizzata" che deve essere addirittura spiegata e riclassificata.

Ma anche il concetto di violenza evolve nel tempo. Bisognerebbe capire come mai certa violenza crea dei problemi psicologici e perché certa violenza no; e se nel tempo questa violenza sia aumentata con la conseguenza di dare più problematiche rispetto ad un tempo o se una volta ci fossero più possibilità di "scarico" della problematica in sé; oppure valutare se in realtà i casi ci siano sempre stati (del resto i suicidi, le sante anoressiche, i matti, le indemoniate ci sono sempre stati, che non erano nient'altro che espressioni dello stesso problema, ma messo sotto altre categorie). Si potrebbe però propendere per una violenza che, con l'evoluzione della società, diventa più ampia nelle sue forme (pensiamo alla violenza mediatica e le proposte del marketing) e diventa nel contempo più modulata, più raffinata e quindi, estremizzando, più subdola e di più difficile identificazione.

Questa violenza modulata è indispensabile per il funzionamento della società. E questa violenza per alcuni soggetti deve essere riconsiderata e ripercepita perché non hanno gli elementi cognitivi, o li hanno alterati, per gestire l'intorno e il contesto. Nel contempo questa violenza deve essere modulata perché sennò la società imploderebbe; una volta la violenza greve e fisica bastava, ora non più.

Un soggetto umiliato può essere funzionale in certe circostanze sociali e produttive, ma in altre no, soprattutto se diventa un problema per la società e ancora di più se appartenente alla classe "ricca" e produttiva della società. E questo spiegherebbe, almeno in parte, perché soprattutto negli anni in cui emergevano le malattie relative ai DCA, soprattutto anoressia, queste riguardavano le figlie delle classi più abbienti.

Se l'abusato e il sottomesso non sviluppano problematiche, di base non ci sono problemi e la società è florida anche grazie a loro. Ma la violenza gerarchizzante e sfruttante è alle volte talmente generica che alcuni soggetti, che non dovrebbero esserne colpiti, o che dovrebbero avere una genetica adeguata per sopportarla/superarla, invece la subiscono. Esempi ne sono i genitori che creano una famiglia ricca perché violenti e poi non riescono ad essere meno violenti in casa e nei loro rapporti famigliari. Oppure genitori ambiziosi, che hanno ottenuto tanto nella vita, ma anche poco, e scaricano sui figli i loro desideri e li trasformano in loro propaggini che devono fare ciò che gli viene impartito e quindi diventare persone di successo in qualche professione o in qualche sport; e l'amore che danno ai figli è commisurato ai loro risultati, che magari questi figli fanno fatica ad ottenere. Un altro esempio è la pubblicità delle major commerciali che colpiscono gli stessi figli di chi ha ideato le campagne pubblicitarie che veicolano un determinato tipo di messaggio, in questo nostro caso, anoressizzante e distorto.

8. ASPETTI NEURONALI

Il nostro organismo è strutturato di modo che ci sia un sistema neuronale elaborante gli impulsi raccolti dai recettori sensoriali. Il sistema neuronale è determinato geneticamente. C'è da chiedersi quindi, per un fatto epigenetico, se stimoli esterni "violenti" alterino lo sviluppo neuronale che portano fino al DCA, chiaramente in un particolare tipo di genetica che lo contempli (a meno che non ci siano dei tali e gravi atti violenti che agiscono in maniera generale e provocano oltre ai DCA, anche altre patologie psichiatriche, vista la gravità del trauma).

Ma come si esprime dal punto di vista neurobiologico questa situazione? Quali sono i circuiti neuronali coinvolti? Quali sono le parti che sono, a seguito di fenomeni epigenetici, mal funzionanti? Alcune risposte le troviamo nelle parti dell'articolo di Ely e al. (2016) del quale si riportano alcune parti:

<< I comportamenti dei disturbi alimentari possono andare dalla pericolosa restrizione calorica al mangiare che sembra fuori controllo, spesso combinato con comportamenti del

controllo del peso insalubre e morboso come il vomito autoindotto o l'abuso di lassativi.

Le cause certe dei disturbi alimentari sono sconosciute. Dato che il disturbo alimentare riflette una discrepanza tra il bisogno fisiologico di mangiare e il desiderio di mangiare, è stato ipotizzato che questi individui hanno un fondamentale disturbo nella regolazione dell'appetito. In anni recenti progressi nelle immagini cerebrali hanno fornito nuove intuizioni nei percorso neurali che giocano un ruolo nelle emozioni, ricompensa, salienza e inibizione del mangiare.

I trattamenti attuali (psicoterapia e farmacoterapia) spesso hanno un'efficacia limitata nel migliorare i sintomi del disturbo alimentare e possono non normalizzare completamente il comportamento alimentare.

Ulteriormente, molti interventi psicologici usati per trattare i disturbi alimentari sono degli adattamenti di trattamenti per altri disturbi psicologici (per esempio depressione, ansia) e non sviluppati per gli specifici e unici bisogni dei pazienti con i disturbi del comportamento alimentare.

La mancanza di un meccanismo che comprenda il disturbo alimentare ha ostacolato gli sforzi per sviluppare interventi più potenti e basati sulle evidenze. Alterazioni nei circuiti cerebrali legate in particolare alla ricompensa e alla inibizione sembrano essere coinvolte nel del comportamento alimentare disadattato caratteristico di Anoressia Nervosa, Bulimia Nervosa e Binge Eating Disorder.

Panoramica dei circuiti neuronali

Che cosa si può dire del cervello di coloro con disturbi alimentari, che possa portare verso un comportamento alimentare disfunzionale? E' ben risaputo che intestino e meccanismo ipotalamico contribuiscono alla regolazione di energia metabolica e ai comportamenti alimentari. Comunque, negli anni recenti, studi sull'uomo hanno rivelato che sistemi corticolimbici di livello superiore, molto probabilmente, giocano un ruolo nella patofisiologia dei disturbi alimentari. Questi sistemi integrano il comportamento con il mangiare e possono ignorare i segnali omeostatici.

Il primo di questi network codifica per l'importanza percepita di uno stimolo del cibo e comprende l'insula e il cingolato anteriore. Anche l'insula, con l'operculum frontale, processa le informazioni sensoriali di base riguardo il cibo. La seconda via include il nucleus accumbens, il putamen e il caudato, tanto quanto la corteccia orbito-frontale e l'amigdala. Queste regioni codificano per il valore gratificante e motivante del mangiare e contribuiscono al comportamento di approccio o elusione.

Il terzo network aiuta il controllo del consumo basato su considerazioni sugli effetti di breve e lungo periodo (ad esempio, l'aumento di peso). Questo include il dorsale caudato e il dorsale anteriore cingolato, la corteccia prefrontale laterale e la corteccia parietale. Questi sistemi in modo interattivo soppesano il valore di ricompensa del cibo e le conseguenze nel consumarlo e integrano questa informazione con le spinte omeostatiche e motivazionali che guidano il comportamento alimentare.

Prove crescenti suggeriscono che un alterato bilancio di ricompensa e inibizione possa contribuire al disordine alimentare. Nella Anoressia Nervosa l'assunzione di cibo rigorosamente limitata, sembra essere collegata al controllo inibitorio iperattivo con i circuiti della ricompensa poco attivi. Di contrasto, la disregolazione di entrambe le spinte inibitoria e di ricompensa, possono manifestarsi nelle alternanti caratteristiche di sovra- e sotto- consumo della Bulimia Nervosa. Il Binge Eating Desorder potrebbe essere collegato alla alterata sensibilità delle regioni ventrali della ricompensa. I risultati suggeriscono inoltre che queste differenze basate sul cervello sono legate ai tratti di temperamento, quali l'ansia e l'evitamento del danno, che persiste dopo la remissione e può sottolineare lo sviluppo della patologia alimentare.

Ricompensa e salienza

Il cervello ha risposte differenti nella anticipazione e nel consumo del cibo. I soggetti con alimentazione incontrollata – Bulimia nervosa o Binge Eating Disorder – dimostrano risposte ridotte quando si anticipa la ricompensa del cibo nell'insula e nello striatum ventrale, ma risposte aumentate all'ottenimento del cibo, nelle stesse regioni. Alternativamente, gli individui con Anoressia Nervosa dimostrano risposte aumentate e ansiose del gusto dolce nell'insula, nello striatum e nella corteccia prefrontale e risposte ridotte nell'insula e nello striatum ai gusti stessi. Le differenze nel modo che i cervelli dei soggetti con in essere o che hanno avuto disturbi alimentari anticipano e processano la ricompensa del cibo verosimilmente guidano il loro approccio al cibo.

Il processamento di altri stimoli salienti sembrano essere alterati. Il che suggerisce un deficit generalizzato. Nei soggetti sani, lo striato ventrale e il caudato dorsale solitamente mostrano maggiori risposte alla ricompensa che alla punizione. In contrasto, la ricerca per immagini nei disturbi alimentari dimostrano una valutazione disfunzionale neurale di ricompensa e punizione. Per esempio, quando si fanno scelte sulle ricompense monetarie, il cervello delle donne con storia di Anoressia Nervosa o Bulimia Nervosa non differenziano tra vincite e perdite nelle regioni striatali ventrali. Donne in remissione dei sintomi di Anoressia Nervosa dimostrano pure loro ridotta risposta alla ricompensa al denaro. Questo suggerisce che gli individui che hanno disturbi alimentari possono avere difficoltà a valutare le ricompense.

Inibizione

Individui con disturbi alimentari hanno anche problemi con il controllo inibitorio. Individui con Bulimia Nervosa e Binge Eating Disorder dimostrano frequentemente ridotta inibizione che si estende anche oltre il cibo (per esempio abuso di sostanze, taccheggio, autolesionismo). Gli studi di neuroimaging suggeriscono che questo possa essere legato all'incapacità di attivare appropriatamente i circuiti frontostriatali che regolano il comportamento. Alcuni risultati della MRI funzionale (fMRI) mostrano che adulti e adolescenti con la Bulimia Nervosa hanno ridotte attivazioni inibitorie. Altri risultati mostrano un aumento di attivazione delle regioni frontostriatali negli adolescenti con sindromi Binge-purge. Inefficienti o insufficienti attivazioni in queste regioni correlate al controllo possono clinicamente manifestare come difficile nel fermare il mangiare durante gli episodi di abbuffata, tanto quanto difficoltà nel resistere all'urgenza di eliminare.

L'aumentato controllo cognitivo nell'Anoressia Nervosa potrebbe contribuire su un'abilità a restringere l'assunzione anche quando emaciati. Recenti studi di fMRI di individui con Anoressia Nervosa rivelano un'aumentata attività nel circuito cognitivo dorso laterale associato con il controllo del processo decisionale e inibitorio. Benché, ulteriore ricerca sia necessaria, i risultati suggeriscono che l'incremento di attivazione nelle regioni deputate al controllo durante il ritardo di gratificazione possono sottolineare l'estrema restrizione dietetica caratteristica della Anoressia Nervosa.

Similarità e differenze con l'abuso di sostanze

Ci sono molte similitudini tra l'abuso di sostanze e i disturbi del comportamento alimentare, e particolarmente Bulimia Nervosa e Binge Eating Disorders, includendo i problemi nella interconnessione tra i circuiti di ricompensa e inibizione. Le meta - analisi suggeriscono dei tassi incrementati di abuso di droga e alcol nelle persone con Bulimia Nervosa. Donne e ragazze adolescenti con la Bulimia Nervosa o il Binge Eating Disorder mostrano una deficienza, nell'attivazione nelle regioni cerebrali inerenti al controllo inibitorio, simile ai modelli di attivazione riportati per i consumatori di droghe e alcol. Inoltre la maggiore attivazione in risposta agli stimoli di cibo visti nella Bulimia Nervosa e nel BED rispecchia un'aumentata attivazione in queste regioni nei consumatori di queste sostanze esposti a segnali relativi alla droga. Queste similarità nell'attivazione cerebrale potrebbero essere legate a similitudini sottostanti nell'attività dei neurotrasmettitori: modelli animali di Binge Eating e studi di neuroimaging nell'uomo implica neurotrasmettitori similari come quelli interessati nei disturbi per uso di sostanze, particolarmente quelli chiave al controllo cognitivo, ricompensa e salienza.

Di contro, la quota di abusanti di droga e alcol è decrescente in pazienti con l'Anoressia Nervosa. Gli individui con l'Anoressia Nervosa, dimostrano modelli opposti di attivazione neuronale in risposta alla ricompensa comparata con persone con la Bulimia Nervosa, BED o l'abuso di sostanze. Il sovracontrollo degli individui con l'Anoressia Nervosa, particolarmente quelli con il sottotipo restrittivo, potrebbero proteggerli dallo sviluppare disturbi dall'uso sregolato di sostanze.>>.

Quello che ne si deduce è che ci sono delle disfunzionalità neuronali, che possono essere rilevate sia con la strumentazione che con il comportamento, anche insalubre. Tra questi comportamenti un piccolo inciso va fatto riguardo l'evitamento del danno, visto che fino ad ora non lo abbiamo preso in considerazione in modo esaustivo. Sarebbe da analizzare il fatto per il quale ci sia questo evitamento del danno e della sofferenza: forse perché l'hanno subita? Come nel comportamento evitante/restrittivo, dove si evitano certi cibi che esprime che c'è anche stata una esperienza negativa riguardante alcuni prodotti, che quindi si vogliono evitare?

Ad ogni modo ci sono dei pathway neuronali alterati e i sistemi serotoninergici, che riguardano proprio l'inibizione comportamentale vista sopra, prendono un'importanza particolare.

Dei passi dell'articolo di Bailer e Kaye (2011) ce lo illustrano:

<<[…] Diverse prove indicano che il disturbo della via della serotonina (5-HT) gioca un ruolo nella patogenesi e nella patofisiologia di AN e BN. […]

C'è un'ampia letteratura associante i sistemi serotoninergici e gli aspetti fondamentali dell'inibizione comportamentale. Ridotti livelli di 5-HIAA (Acido 5-idrossi-indoloacetico) nel CSF (liquido cerebrospinale) sono associati con l'incremento di impulsività e aggressione nei primati umani e non-umani, dove l'aumentato livello di 5-HIAA nel CSF sono legati all'inibizione comportamentale. Nel tronco cerebrale i recettori 5-HT1A inibiscono l'attività del simpatico indotta dallo stress e inibisce le risposte comportamentali di tipo "fight-or-flight", supportando un ruolo per questo recettore nell'inibizione comportamentale e nell'auto-controllo. [...]

Altri studi hanno dimostrato che il numero e la funzione di recettori 5-HT1A tacitati è associato con un aumento dell'aggressività. [...]

Presi assieme, questi dati suggeriscono la possibilità che i recettori 5-HT1A possono contribuire alla possibilità emergente di inibire o auto-controllare l'espressione di un certo numero di comportamenti legati agli stimoli di ricerca, di ansietà, di aggressione e di impulsività nei soggetti BN.>>

Con la prospettiva che si è data riguardo alla violenza sociale e i fenomeni psicosociali che influenzano la vita delle persone e anche lo sviluppo dei DCA, si potrebbe individuare in alcuni soggetti che in questa alterata struttura dell'aggressività e dell'auto-controllo risieda l'incapacità di difendersi (vittimizzazione ed evitamento del danno) e in altri, l'incapacità di modulare i loro impulsi rispetto all'input stressante o violento che subiscono o, che semplicemente, potrebbero subire. Un'alterazione del pathway, derivato da una predisposizione genetica e magari un successivo stress, potrebbe comportare lo sviluppo di un DCA.

Gli ultimi argomenti che si vogliono prendere in considerazione degli aspetti neuronali riguardano la consapevolezza interocettiva e il ruolo dell'Insula e lo facciamo proponendo un passaggio dell'articolo di Kaye e al. (2011):

<<[…] Si pensa che l'alterata consapevolezza interocettiva potrebbe essere un fattore precipitante e rinforzante in AN. Infatti molti dei sintomi di AN, come la distorta immagine corporea, la mancanza di riconoscimento dei sintomi di malnutrizione (ad esempio un fallimento a rispondere appropriatamente alla fame) e la diminuita motivazione al cambiamento, potrebbe essere legato alla disturbata consapevolezza interocettiva. In particolare, ci potrebbe essere un cambio qualitativo nel modo in cui quella specifica informazione interocettiva è processata. Per esempio, individui con AN potrebbero provare una sensazione viscerale avversiva quando esposti al cibo o agli stimoli legati al cibo. Questa esperienza potrebbe fondamentalmente alterare le proprietà del cibo legate alla ricompensa e risultare in un bias verso un'emozionalità negativa. Inoltre, l'esperienza enterocettiva avversa associata al cibo potrebbe scatenare un processo di modulazione top-down diretto a anticipare e minimizzare l'esposizione allo stimolo del cibo ("evitamento della sofferenza"), che porta ad un incrementato processo

anticipatorio che mira a ridurre l'esposizione allo stimolo valutato avverso. Quindi, gli individui con AN potrebbero mostrare risposte attenuate all'immediato segnale di cibo legato alla ricompensa (riduzione della fame) ma mostrare un incremento delle risposte al segnale di ricompensa di lungo termine associato con l'obiettivo di riduzione del peso o altri "ideali" costrutti cognitivi. Infine, l'IA (Insula Anteriore) è stata coinvolta negli errori della predizione del rischio, suggerendo che alterazioni nel funzionamento dell'Insula potrebbero portare ad atteggiamenti anomali in un contesto di incertezza e quindi contribuire all'evitamento del danno. [...]>>.

Quindi si rileva ancora un'alterazione della percezione e l'evitamento del danno. In questa società in modulazione di violenza, dove se non sei in grado di difenderti e di capire il contesto generale, tutto è pericoloso, la risposta è evitare i pericoli e le sofferenze, in anticipo.

Interessante è capire come questi soggetti spostino la loro attenzione sul cibo per controllare l'ansia e la paura. Ma forse essendo così proni alle conferme di tipo estetico per essere accettati dagli altri, si può capire, almeno in parte il fenomeno, ma comunque non lo spiega del tutto in quanto va ricompresa nell'analisi anche il discorso dei circuiti della ricompensa e l'alterazione del loro funzionamento legato alla ruolo degli stimoli interocettivi che danno degli effetti sul benessere e sulla capacità percettiva del soggetto.

9. ALTRI SPUNTI DI APPROFONDIMENTO

Gli studi riguardo i DCA e i traumi che li provocano, sono in continuo sviluppo visto che anche i casi di DCA sono in continuo aumento, con sempre possibili nuove classificazioni (si veda il cambiamento tra DSM IV e DSM 5 per quel che riguarda la materia specifica).

Si propongono in questa sezione degli spunti da valutare o che si sarebbero voluti valutare in questo libro, su particolari tipi di DCA emergenti o su temi correlati, per i quali non ci sono ancora abbastanza dati o evidenze scientifiche o perché non c'era il tempo materiale per svilupparli.

- Ortoressia Nervosa: trauma culturale?

L'Ortoressia è un DCA che ancora non compare classificato come un disturbo indipendente dagli altri. Ad ogni modo, visto che è interesse di questa tesi valutare i traumi ed i traumi sociali che portano ai DCA, si è provato a capire quale fosse, o fossero, i traumi che danno questo tipo di disturbo. Si propone, quindi, che sia un "Trauma percettivo di tipo culturale" dove c'è un'alterazione della percezione della morte e delle malattie, soprattutto derivanti dall'alimentazione. I soggetti che hanno questo disturbo molto spesso, considerano il "Cibo" come l'elemento che causa le malattie e nel contempo l'elemento che cura tutto, anche sostituendo le medicine in toto: concetto di Cibo malattia - Cibo medicina.

Si suppone che ci siano più elementi che creano il trauma culturale che porta a questa situazione e non uno unico. Facciamo qualche esempio: - Paura dell'invecchiamento da stress mediatico-culturale; - Stress da eccesso di informazione; - Paura di essere avvelenati da alimenti contaminati a causa di comunicazione mediatico-sensazionalistica; - Esigenza di credere in qualcosa di purificatorio, quasi religioso, a seguito di messaggi culturali, anche scientifici, che hanno distrutto il messaggio salvifico e regolamentante della vita da parte delle religioni.

In ogni caso, oltre alle casistiche elencate, alle quali potremmo aggiungerne anche altre, tutte riguardano una salienza aberrante per le informazioni ricevute, che non si riescono a gestire e non si riesce a valutarne l'importanza relativa.

Visto che si è analizzato che c'è una genetica alle spalle di questi DCA (ad es. si è detto che i malati di AN sono soggetti proni alla conferma degli altri attraverso il loro apparire estetico), ci si è chiesti, con un ragionamento speculare, quale sia una ipotetica genetica che possa comportare questo tipo di disturbo. Come risposta si è trovata quella di una genetica prona alle regole, che diventano regole ferree, che alcuni hanno bisogno di avere per vivere.

- Trauma del microbiota e DCA

Si propone, come hanno già fatto vari altri autori, che un trauma a livello di microbiota intestinale, possa essere un trigger per lo sviluppo dei DCA. Magari è più probabile che lo sia solo per alcuni DCA rispetto che ad altri.

Un'alterazione del microbiota, in particolari condizioni di vita e di stato nutrizionale, potrebbero stimolare determinate espressione geniche per fenomeni epigenetici che alterano i processi psichici, cognitivi e di percezione del cibo.

Di più non può essere detto visto che non sono stati trovati dati, ma come ipotesi è piuttosto suggestiva.

- Età del trauma e sviluppo DCA

I disturbi del comportamento alimentare solitamente compaiono durante l'adolescenza. Questo è un periodo dove il cervello non è ancora completamente formato e maturo ed è in continua evoluzione. Periodi transitori, di cambiamento e di crescita, sono tutti momenti in cui il cervello sviluppa nuove connessioni, nuove sintesi.

Il punto è capire se c'è una correlazione tra età del trauma, età di insorgenza della malattie e gravità della malattia, in un'ottica nella quale si considera che quanto prima avviene il trauma, più grave sarà il DCA. E l'altro aspetto che sarebbe interessante indagare è se la gravità del trauma comporta una comparsa più precoce del DCA.

Infine, in un'ottica epigenetica, ci si domanda se i geni "scoperti", quelli che codificano e generano connessioni che portano a malattia psichiatrica, abbiano delle tempistiche per esprimere il fenotipo.

- Disturbo evitante/restrittivo: trauma alimentare

Sempre in un'ottica di capire quale sia il trauma scatenante di un DCA, si pongono le basi per valutare se in alcuni tipi di disturbo evitante/restrittivo, ci sia stato un trauma di tipo "alimentare". Cioè, non c'è una violenza sociale come fattore scatenante del disturbo, ma un incidente avvenuto nell'atto di alimentarsi o che si associa a determinate situazioni sgradevoli che si è provato durante il consumo di un qualche alimento. Non si esclude quindi in toto una violenza sociale, ma quando l'evitamento alimentare avviene per una questione di palatabilità del prodotto o per un determinato odore, forse c'è qualche elemento in più da tenere in considerazione. Degli eventi che possono sicuramente aver causato avversione per un qualche cibo, possono essere stati, ad esempio, il rischio di morte per soffocamento, il disturbo post malattia microbiologica, eventi negativi concomitanti legati al consumo di cibo.

Tutti questi elencati si potrebbero considerare dei traumi "neutri" e non psicosociali, quindi. Il collegamento che manca è il passaggio dal trauma alimentare alla disturbo psichiatrico.

10. CONCLUSIONI

Le cause certe dei disturbi alimentari non sono completamente conosciute, ma vista anche l'impronta data a questo libro, si è proposto di ricondurle ad una base genetica che si esprime quando viene stimolata da diverse forme di stress, trauma e violenza. Questi stimoli sono espressi sottoforma di vari fattori psicosociali e socio-culturali.

I fattori psicosociali spingono i soggetti particolarmente proni a determinate esigenze (come ad esempio di essere accettati per la loro aspetto fisico, di essere accettati per i loro risultati, di continuo bisogno di certezze eccetera) a subire l'influenza esterna e quindi ad agire verso determinati elementi che credono di poter controllare come il cibo, l'alimentazione e il peso corporeo.

L'ansia è un punto chiave dell'analisi perché risulta essere una risposta eccessiva che si attiva quando si ha paura che un fattore psicosociale, che ha dato un trauma nel passato, possa ripresentarsi. Ad esempio la paura che possa arrivare qualcuno che ci dica che non siamo belli, che abbiamo il naso grosso o il ripresentarsi di una violenza fisica oppure un'improvvisa mancanza di affetto.

La violenza sociale è una particolare forma di trauma che va considerata per quella che è, nella sua importanza e nella sua aumentata magnitudine nello sviluppo dei DCA, anche a seguito dell'evoluzione della società. In altre parole, si propone che la violenza sociale sia uno stimolo piuttosto caratteristico per lo sviluppo di DCA, chiaramente, come più volte sottolineato, in presenza di una genetica compatibile a poter sviluppare questa malattia. Inoltre, proprio perché si è detto che la violenza sociale è in continua evoluzione, assieme alla società stessa, ciò comporta un aumento, in numero e varietà, dei casi di DCA.

La violenza famigliare è invece solo un sottoinsieme della violenza sociale che un soggetto può essere costretto a subire, anche se va specificato che c'è della violenza sociale (che non si può definire famigliare in senso stretto) che può permeare anche attraverso la famiglia: sia perché i genitori si fanno influenzare dall'esterno, sia perché i fratelli (e altri famigliari) possono essere fonte di violenza a seguito del modello imparato nella società. Quindi i genitori e i parenti assorbono la violenza della società (oltre a quella che sono già predisposti a fare per un fatto caratteriale o condizione psicologica) e poi la passano sui figli.

La competizione (sociale), poi, è una forma di violenza indiretta che subiamo per riuscire a rimanere nel gruppo delle persone al quale riteniamo o necessitiamo di appartenere. In età giovanile molti giovani subiscono l'influenza dei media e delle famiglie per quanto riguarda questo aspetto e rischiano di subire un trauma vista la loro incapacità di saper gestire questa situazione.

Chi vive con problemi economici, chi ha problemi sul lavoro, chi ha problemi di relazione, ha molto spesso un atteggiamento alterato con il cibo e questo va analizzato nel senso che l'atteggiamento che si ha verso il cibo compare spesso quando ci sono degli elementi di stress. Va valutato ancor con più attenzione se questi problemi nascono e rientrano nel contesto della competizione intesa come violenza sociale .

Si ricorda poi, che è già un danneggiamento cognitivo il fatto di seguire una carriera solo perché ce lo impone la società, con la conseguenza di rovinarci la salute, le relazioni con gli altri e il benessere in senso generale. Visto che l'alterata struttura cognitiva come conseguenza da DCA è uno degli elementi che si è trattato nel testo, sarebbe da capire quali sono le correlazioni tra carriera, violenza sociale, salute personale e DCA, anche quelli latenti.

Un altro punto di analisi che rimane in sospeso è capire se tra tutti i DCA, i traumi maggiori derivano da situazioni "casuali" (come delle condizioni climatiche avverse) o da fattori legati alla violenza sociale, intesa nel suo più ampio spettro di significato; sia violenza diretta che indiretta visto che alla fine colpisce ugualmente i soggetti creando dei traumi.

Senza dimenticare che se non fosse un fatto multifattoriale lo sviluppo dei DCA, tutti i soggetti avrebbero la stessa malattia e sarebbero tutti ammalati dalla tenera età se non ci fosse "trauma" precedente all'instaurarsi della malattia e la necessità di uno sviluppo del sistema neuronale verso una determinata direzione che è alterata.

Quindi, diversi tipi di trauma (e di stress) portano a diversi tipi di Disturbi del Comportamento Alimentare. E diversi profili genetici, a seguito dello stesso trauma possono dare diversi DCA oppure nessuna tipo di malattia psichiatrica.

Alle volte alcuni soggetti necessitano di pochi stimoli stressori che possono portare a sviluppare un DCA (anche il normale vivere per alcuni può portare ad una condizione di stress e quindi fatti transitori possono portare ad un trauma); altri soggetti invece subiscono dei traumi evidenti, anche dal punto di vista fisico (oltre chiaramente a quelli di tipo psicologico) come ad esempio una violenza sessuale e non dare evidenti manifestazioni, anche in relazione all'età del soggetto.

La vita attuale con tutti gli stimoli sociali e di controllo sociale a cui è sottoposta, stimola lo sviluppo delle malattie psicologiche su soggetti con una determinata genetica e su alcuni daranno i DCA. Ricordiamo che il normale vivere ha degli elementi di violenza e di competizione e questa violenza e competizione sono sempre maggiori e maggiormente modulate con conseguente sviluppo di malattie mentali.

In questa società, quando tutto ci travolge, quando non sappiamo gestire gli eventi, l'unico meccanismo che ci viene insegnato e che ha interesse ad essere insegnato, è lavorare di più, meglio e sottometterci al volere altrui e non certo di cercare i mezzi per stare bene e possibilmente felici. Anche questa è una forma di violenza e di controllo. Infatti basterebbe insegnare a gestire meglio la violenza (che si fa e che si subisce) e gli input ai quali siamo sottoposti, in funzione di rendere le persone libere per farle stare meglio. Il punto è che non sarebbe conveniente per il controllo sociale e sarebbe molto meno produttivo per la società.

Invece, una società malata è una società ricca. Una società malata che però deve essere regolata, regimentata e gestita, e non abbandonata nella sua malattia e nei suoi problemi. Per la sua ricchezza, la società sacrifica una quota della sua popolazione. Nel contempo il sistema DEVE fornire delle giuste soluzioni e quindi tutte le tecniche terapeutiche e le strutture per recuperare i soggetti malati presenti nella popolazione, vanno molto probabilmente considerate come funzionali al mantenimento di questa situazione.

Ci sono quindi delle soluzioni terapeutiche proposte, standardizzate e provate, che servono per ridurre gli eccessi presenti nella società in modo da mantenere un giusto ed efficiente sistema in funzione della sua ricchezza.

Al singolo soggetto, invece, forse bisognerebbe fornire gli elementi, per ciò che è possibile, per affrontare la società, per ridurre le ansie, per ridurre lo stress ed il rischio di vittimizzazione, non solo una soluzione standardizzata, quindi. Ogni soggetto sarà sensibile a determinati fattori e si dovrebbero mettere in atto quindi delle specifiche azioni per individuarli e ridurne gli effetti.

In altre parole, in questa società invece di evitare che i soggetti si ammalino, si preferisce curarli dopo. E questo ha due effetti: 1- mantenere il livello economico della società; 2- creare delle strutture e delle figure professionali per la cura che creeranno nuovi posti di lavoro e nuova economia.

Ma bisogna anche dire che è impossibile che nessuno si ammali di DCA e nel contempo, forse, non c'è una vera cura per i DCA che sono a tutti gli effetti problemi di tipo psicologico e psichiatrico che danno alterazioni a livello neuronale. Soprattutto se le alterazioni sono avvenute in giovane età e quindi le modificazioni neuronali sono così stabili e profonde da essere difficili o impossibili da modificare.

I malati di DCA, in ultima analisi, sono dei soggetti molto delicati che in un equilibrio personale instabile, sorto per ragioni genetiche ed epigenetiche, non sono stati sufficientemente protetti nel loro sviluppo e nel loro vivere e quindi a seguito di un ambiente di vita difficile, sviluppano queste patologie psichiatriche come risposta agli eventi esterni, sia naturali che sociali. Chiaramente l'interesse di questo libro è più focalizzato sulle minacce della società e la violenza che porta con sé, ma in un quadro più generale, si può dire che qualsiasi stress, anche naturale, su una base genetica così sensibile, può far scatenare questo tipo di malattie.

BIBLIOGRAFIA

○ AA. VV. *"Quaderni del Ministero della Salute: Linee di indirizzo nazionali per la riabilitazione nutrizionale nei disturbi dell'alimentazione."* Ministero della Salute. (settembre 2017).

○ ADAN R. A. H., KAYE W. H., *"Behavioral Neurobiology of Eating Disorders."* Springer. (2011).

○ BREWERTON T. D. *"Eating Disorders, Trauma, and Comorbidity: Focus on PTSD."* Eating Disorders. (2007).

○ BURKEMAN O. *"Perché inventiamo sempre nuovi problemi?"* The Guardian. (28 luglio 2018).

○ COPELAND W. E., BULIK C. M., ZUCKER N., WOLKE D., LEREYA S. T., COSTELLO E.J. *"Is childhood bullying predict eating disorder symptoms? A prospective, longitudinal analysis."* International Journal of eating disorders. (Dec. 2015).

o ELY A., BERNER L. A., WIERENGA C. E., KAYE W. H. *"Neurobiology of Eating Disorders: Clinical Implications."* Psychiatric Times. (29 aprile 2016).

o GARNER D. M., GARFINKEL P. E. *"Socio-cultural factors in the development of anorexia nervosa."* Psychological Medicine. (1980).

o GAUDIO M. *"Canoni socioculturali della bellezza femminile e disturbi alimentari."* Psychiatry on line. (2015).

o GLENNY E. M., BULIK-SULLIVAN E. C., TANG Q., BULIK C.M., CARROLL I. M. *"Eating disorders and the intestinal microbiota: Mechanisms of energy homeostasis and behavioral influence."* Current Psychiatry Rep.. (Agosto 2017).

o GRAMMATIKOPOULOU M. G., GKIOURAS K., MARKAKI A., THEODORIDIS X., PANTELIS T., MAVRIDIS P., DARDAVESSIS T., CHOURDAKIS M. *"Food addiction, orthorexia, and food-related stress among dietetics students."* Eating and Weight Disorders. (Agosto 2018).

o LOPEZ C., TCHANTURIA K., STAHL D., TREASURE J. *"Central coherence in eating disorders: a systematic review."* Psychological Medicine. (2008).

o MANNA V., DANIELE M. T., PINTO M., *"Psicosi e dipendenze patologiche da sostanze: verso un approccio integrato multi-modale."* Journal of Psychopathology. (2002).

o MANZARI N., MATVINENKO-SIKAR K., BALDONI F., O'KEEFFE G. W., KHASHAN ALI S. *"Prenatal maternal stress and risk of neurodevelopmental disorders in the off-spring: A systematic review and meta-analysis protocol."* HRB Open Research. (2018 - https://hrbopenresearch.org/articles/1-15/v1).

o MENEGHETTI A. *"Il piatto piange – Etica, dubbi e comportamenti nella catena agroalimentare."* Robertson Edizioni – lulu.com. (2012).

o MESSINA E., OLIANI D. M., VEGLIA T. A., BERLINCIONI V. *"Traumi infantili e Disturbi del Comportamento alimentare: una review."* Bollettino della Società Medico Chirurgica di Pavia. (2013).

o OPPEDISANO C. *"Ruolo delle immagini mediatiche del corpo nell'insorgenza dei disturbi alimentari negli adolescenti."* State of Mind. (2015 - http://www.stateofmind.it/2015/05/media-disturbi-alimentari-adolescenti/).

o ROBERTS M. E., TCHANTURIA K., STAHL D., SOUTHGATE L., TREASURE J. *"A systematic review and meta-analysis of set-shifting ability in eating disorders."* Psychological Medicine. (2007).

o SELIS C., CAMPUS M.E. *"Disturbi alimentari: i mass media e la pubblicità producono modelli univoci, mai totalmente realistici."* Articolo 21. (2015).

o ST-HILAIRE A., STEIGER H., LIU A., LAPLANTE D.P., THALER L., MAGILL T., KING S. *"A prospective study of effects of prenatal maternal stress on later eating-disorder manifestations in affected offspring: Preliminary indication based on the Project Ice Storm Cohort."* International Journal of eating disorders. (2015).

o TCHANTURIA K., DAVIES H., ROBERTS M., HARRISON A., NAKAZATO M., SCHMIDT U., TREASURE J., MORRIS R. *"Poor Cognitive*

Flexibility in Eating Disorders: Examining the Evidence using the Wisconsin Card Sorting Task." Plos One. (2011).

o   TCHANTURIA K., HARRISON A ., DAVIES H., ROBERTS M., OLDERSHAW A., NAKAZATO M., STAHL D., MORRIS R., SCHMIDT U., TREASURE J. *"Cognitive Flexibility and Clinical Severity in Eating Disorders."* Plos One. (2012).

o   THOMPSON R. *"Mind, Body and Sport: Eating Disorders."* NCAA. (Articolo Internet: http://www.ncaa.org/sport-science-institute/mind-body-and-sport-eating-disorders).

o   VANDERLINDEN J., VENDEREYCKEN W., VAN DYCK R., VERTOMMEN H. *"Dissociative Experiences and Trauma in Eating Disorders."* International Journal of Eating disorders. (1992).

o   WILLIAMSON D. A., MULLER S. L., REAS D. L., THAW J. M. *"Cognitive Bias in Eating Disordes: Implications for Theory and Treatment."* Behavior Modifications. (1999).

o   ZAKZANIS K. K., CAMPBELL Z., POLSINELLI A. *"Quantitative evidence for distinct cognitive impairment in anorexia nervosa and bulimia nervosa."* Journal of Neuropsychology. (2010).

SITOGRAFIA

o http://www.stateofmind.it/tag/trauma-esperienze-traumatiche/ (data consultazione: Luglio 2018)